U0557760

卫青霍去病

汉武双璧

刘素平◎著

中国书籍出版社
China Book Press

图书在版编目（CIP）数据

汉武双璧：卫青霍去病 / 刘素平著. -- 北京：中国书籍出版社, 2023.3

ISBN 978-7-5068-9359-6

Ⅰ. ①汉… Ⅱ. ①刘… Ⅲ. ①卫青（?-前106）—传记②霍去病（前140-前117）—传记 Ⅳ. ①K825.2

中国国家版本馆CIP数据核字（2023）第039920号

汉武双璧：卫青霍去病

刘素平 著

责任编辑 王志刚
责任印制 孙马飞 马 芝
封面设计 东方美迪
出版发行 中国书籍出版社
地　　址 北京市丰台区三路居路 97 号（邮编：100073）
电　　话 （010）52257143（总编室）（010）52257153（发行部）
电子邮箱 chinabp@vip.sina.com
经　　销 全国新华书店
印　　刷 北京睿和名扬印刷有限公司
开　　本 710毫米 × 1000毫米 1/16
字　　数 231千字
印　　张 16
版　　次 2023年3月第1版 2023年8月第1次印刷
书　　号 ISBN 978-7-5068-9359-6
定　　价 56.00元

序言

卫青与霍去病，二人都是奴隶出身，而且均为私生子，但是，二人没有屈服于命运的安排，而是凭着倔强与执着，完成了从奴隶到将军的传奇人生。如果说，雄才大略的汉武帝刘彻创造了史无前例的“大汉帝国”，那么，卫青与霍去病功不可没。

卫青是汉武帝第二任皇后卫子夫的弟弟，霍去病是卫子夫的亲外甥，两个人是外戚。因此，有人说，卫霍二人是借了皇后娘娘的光。但是也有人认为：卫、霍纵能以外戚贵，宁能以外戚胜乎？

其实，卫青与霍去病明明是可以靠外戚的身份吃饭的，可他们却偏偏选择了九死一生的战场杀敌来建功立业。

他善于以战养战，用兵敢于深入，为将号令严明，对将士爱护有加，对同僚大度有礼，位极人臣而不立私威。

他首次出征是奇袭龙城，揭开汉朝与匈奴战争的序幕，曾七战七胜，收复河朔、河套地区，击破匈奴，为开拓北部疆域做出重大贡献。

终于，卫青官至大司马大将军，成为历史上出身最低、功劳最大、官位最高的代表人物。

霍去病有着和卫青一样的出身，但是，也许有鉴于舅舅卫青的境遇太可怜，霍去病的母亲始终没让他离开自己的膝下，这样，霍去病的童年生活自然就比卫青幸福得多。

他不仅由骁勇少年成长为历史上最著名的青年将军，而且在他身上，可以说做到了忠孝两全。

他善骑射，用兵灵活，注重方略，不拘古法，勇猛果断，善于长途奔袭、闪电战和大迂回、大穿插作战。

他初次征战即率领八百骁骑深入敌境数百里，把匈奴兵杀得四散逃窜。

在两次河西之战中，大破匈奴，俘获匈奴祭天金人，直取祁连山。在漠北之战中，大捷而归。

功成之后，面对皇帝赏赐的府第，豪言："匈奴未灭，何以家为？"

他以短短24岁的人生立下彪炳史册的伟业。卫青与霍去病是舅甥关系，同时，他们又有师徒情分，到最后又平起平坐地似乎成了竞争对手。

在有些人眼中，为了争宠，他们最后应该会成为仇人，因为，父母与子女、兄弟姐妹，为了各自的利益互相构陷，刀枪相见的例子也不少。

然而，当霍去病势头强劲，门人们纷纷改投到霍去病的门下时，卫青对此倒很平静。

同时，当有人诋毁卫青时，年轻气盛的霍去病甚至拉开了剑弩……

可以说，卫青与霍去病，是大汉帝国的双璧。因为他们的存在，成就了汉武帝的雄才伟略，也成就了大汉帝国的半壁江山……

真实的历史往往更好看，况且，卫青与霍去病这两位历史人物本身就很丰满。因此，本书在写作中，力图尊重史实，杜绝曲解，只为展示两位有血有肉人物的真实形象。

目录

第一章　卫家儿女：走出两位大将军

第二章　卫青出世：艰难困苦，王汝于成

第三章　出生侯府：深得皇帝赏识

第四章　六击匈奴：战略防御转为战略进攻

第五章　追击匈奴：霍去病名扬天下

第六章　联合出击：汉匈决战

第一章　卫家儿女：走出两位大将军

刘彻继位，一代雄主走上历史舞台

西汉，继秦朝之后第二个统一的多民族政权。“西汉”一词是后世史学家的叫法，与东汉合称为汉朝。

公元前206年，斩白蛇起义的刘邦，被西楚霸王项羽分封为汉王。而后经过历时四年的楚汉战争，刘邦打败项羽，于公元前202年，建立汉朝，定都长安。

当初项羽以“巴蜀汉中四十一县”封给刘邦，是以治所在汉中而称刘邦为“汉王”。于是，刘邦称帝后，就以封国名当作了王朝名。

刘邦建立的汉朝，从公元前202年开始，历经14位皇帝，于公元9年被王莽篡位而结束，历时211年。

公元25年，刘秀在绿林军的协助下，以武力击败了篡位的王莽，夺得帝位。因为刘秀是西汉皇族，所以仍定国号为“汉”，但建都在洛阳。

刘邦的都城长安，在刘秀所建汉王朝都城洛阳之西，为了加以区别，所以，史称刘邦的汉朝为“西汉”，称刘秀的汉朝为“东汉”。史家又以刘邦与刘秀所建立汉王朝的时间顺序，称为“前汉”和“后汉”。

后世人称：“功莫大于秦皇汉武”，“汉武”，指的是汉武帝——刘彻。

汉武帝刘彻，是汉朝的第七个皇帝。

汉武帝刘彻，4岁时被册立为胶东王，7岁时被立为太子，16岁登基，70岁驾崩，在位54年零1个月。在位期间，他继承“文景之治”的成果和政策，并发扬光大，成就了前无古人的巨大功业。

汉武帝的雄才大略、文治武功使汉朝成为当时世界上最强大的国家。他统治下的西汉帝国比罗马帝国还要强盛，成为世界文明无可争议的中心，而汉武帝时代，也成为中华民族历史上最值得自豪的伟大时代之一。

和许多皇帝一样，刘彻能当上皇帝，也是富有传奇色彩的。

刘彻是汉景帝刘启的第十个儿子，汉文帝刘恒的孙子，汉高祖刘邦的曾孙。从血统论上来讲，刘彻的确是属于根红苗正的皇家嫡系血亲。但是，经过“文景之治”的大汉朝，不仅国力渐盛，而且皇子皇孙们也是日渐增多。从年龄上来看，刘彻是汉景帝刘启排行第十的儿子，皇位怎么会轮到他继承呢？

事实上，汉景帝首立的太子是长子刘荣。那么，最后为何刘彻成为皇帝了呢？这里面就有故事了——

刘彻的母亲名叫王娡。

汉文帝年间，嫁作金家妇的王娡已经生有一女。然而，王娡的母亲听了算命先生的话，将王娡从金家带走，并送给了当时的皇太子刘启，也就是后来的汉景帝。

皇太子刘启很宠爱王娡，封其为美人。入太子宫后的美人王娡接连怀有身孕，给皇太子刘启生下了三个女儿。

公元前156年，王娡又怀有了几个月的身孕。有一天，她做了一个梦，梦到有一轮太阳扑入了腹中。梦醒时分，她就把梦境告诉给了皇太子刘启。闻听此言，皇太子刘启高兴地说：“这是贵显的征兆啊！”

有太阳入怀的孩子还没有出世，汉文帝刘恒去世了，皇太子刘启即位，是为汉景帝。景帝刘启即位当年，美人王娡生下一位皇子，取乳名为刘彘。

之所以取乳名为“彘”，是因为在《山海经·南次二经》中：彘，是一种长着牛尾、身状似虎、头如猴而叫声如犬的怪兽。

刘彘就是后来的刘彻。

也许是刘彘这个皇子的出生，是和自己即皇帝位在同一年，再加上这个皇子自幼聪明伶俐，因此，颇受汉景帝的喜爱。

前元四年（公元前153年），汉景帝打破太子与其他皇子不能同年而封的旧例，于夏四月己巳日，立长子刘荣为太子，同时，立皇十子刘彘为胶东王。

此时，太子刘荣已年满十八岁，却尚未婚配。这时，有一个人就有想法了。这个人就是汉景帝的姐姐馆陶公主刘嫖。

馆陶公主刘嫖希望自己的女儿能成为皇后，因此就想把自己的女儿嫁给太子刘荣。不料，馆陶公主刘嫖却碰了钉子，刘荣的母亲不同意这门婚事。

太子刘荣的生母是栗姬。出于女人的嫉妒心理，栗姬十分讨厌馆陶公主屡次地给景帝进献美女，而让她凭空生出了许多对手。如今，自己的儿子已是太子，母凭子贵，栗姬怎么会找自己厌恶的人做亲家呢！

因此，栗姬拒绝了太子刘荣与馆陶公主女儿的这桩婚事。

栗姬拒绝了婚事，馆陶公主刘嫖当然十分恼火。于是，馆陶公主又转而看上了“梦日入怀”而生的胶东王刘彘。

此时，胶东王刘彘4岁。

馆陶公主刘嫖把想要将女儿嫁给刘彘的想法一说，胶东王刘彘的母亲、美人王娡，出于政治目的，为了儿子的前程，立即同意了这桩婚事。

从政治敏锐性上来看，美人王娡要比栗姬高明得多。

作为汉景帝胞姐的馆陶公主刘嫖，她的能量是不可小觑的。她为了自己的女儿能当皇后，当然得力挺准女婿刘彘了。

此后，馆陶公主刘嫖经常在汉景帝刘启面前大加称赞胶东王刘彘聪明伶俐，当然，外带着肯定夸奖美人王娡贤良淑德，教子有方。景帝刘启本就喜欢刘彘这个小皇子，这样一来，对他们母子就格外地宠爱了。

同时，馆陶公主刘嫖还时不时地在汉景帝刘启面前说栗姬的坏话。

有一次，馆陶公主刘嫖和景帝刘启说，栗姬经常让宫女们在背后用巫术诅咒唾骂皇帝喜爱的妃子。景帝刘启听后，对栗姬生出了些许厌恶之情。然而，念及以往和栗姬的感情深厚，景帝压下了此事，但是，心结终究还是有的。

后来，景帝刘启生病了，想起姐姐馆陶公主刘嫖的话，于是，景帝试探着对栗姬说：“朕百岁之后，你要善待其他妃子和她们的儿子啊！”

栗姬当时怀有愤恨之心，不但没有答应，反而口出恶言。景帝刘启对栗姬彻底失望了，但是，还是隐忍着没有发作。

终于，前元六年（公元前151年）九月，景帝刘启废黜了薄情寡义的栗皇后。前元七年（公元前150年）夏四月乙巳日，美人王娡被立为皇后。同月丁巳日，王娡的儿子被立为太子。

当初起乳名时，也许是为了好养活，取“彘”字的其中体壮之意，然而，毕竟“彘”的本意是指猪，又有汉初吕后所制造的“人彘”事件，因此，当被立为太子时，汉景帝就将刘彘改名为刘彻。

此时，刘彻7岁。

后元三年（公元前141年）正月，汉景帝刘启患病，而且病势越来越重，他自知快不行了，于是，在病中为太子刘彻主持了加冠典礼。

加冠典礼，又称为成年礼，自古有之。这是为承认年轻人具有进入社会的能力和资格而举行的人生仪礼。

汉族男子20岁行加冠礼，女子15岁行加笄礼。《礼记》云：“夫礼，始于冠”“男子二十，冠而字”。依此说法，不行冠礼，则一生难以“成人”。普通人尚且重视这一礼仪，何况帝王呢！

成年礼的加冠仪式，一般都是由父亲来完成的。汉景帝刘启既是帝王，又是一位父亲。他对于儿子和接班人的成年礼的重视程度更强烈，因此，知道自己时日不多时，就提前为刘彻完成了加冠礼，这也是可以理解的。

为儿子举行完加冠礼不久，汉景帝刘启病死于长安未央宫，享年48岁。葬于阳陵，即在今陕西省咸阳市渭城区正阳乡张家湾村北，谥号“孝景皇帝”。

同时，16岁的太子刘彻即皇帝位，是为汉武帝。

当了皇帝的刘彻如约迎娶了馆陶公主刘嫖的女儿陈阿娇，而且还演绎了一段“金屋藏娇”的美好故事。

说来也怪，这段看似完美、门当户对的婚姻，却并没有开花结果，因此，十几年一直未孕的陈皇后，便迁怒于入宫不久就怀孕的卫子夫。而其母馆陶公主刘嫖更是将卫青抓去问罪……

匈奴与汉朝的和与战

关于匈奴人的起源问题，历来是众说纷纭，没有统一的结论。

根据《史记·匈奴列传》中记载，有人说，匈奴人是夏朝的遗民。其中，一种说法认为：是夏的后裔淳维，在商朝时逃到北边，子孙繁衍成了匈奴。另一种说法认为：是夏桀的儿子獯鬻，在夏桀流放三年而死之后，带着父亲留下的妻妾，避居北野，随畜移徙，即为匈奴人。

有人说，匈奴原来称作是山戎、猃狁、荤粥。这种说法认为：商朝时的鬼方、混夷、獯鬻；周朝时的猃狁；春秋时的戎、狄；战国时的胡等都是匈奴。

有人把鬼戎、义渠、燕京、余无、楼烦、大荔等史籍中所载的异族，统称为匈奴。

在古代中国，对于中原而言，确实有将四方的部族归纳为“南蛮、西戎、北狄、东胡”的说法。除了位居南方的“南蛮”，其他三方的部族，似乎都和匈奴有着千丝万缕的联系。由于部落的联盟与战争，部族的融合与繁衍，这样的说法也不是完全没有道理的。

但是也有人认为，不可以把匈奴人与先秦时期的北方少数民族混为一谈，匈奴人应该是西方草原的一个游牧民族，而在战国末期之前，还未游牧至中国北部。

不管匈奴人是怎么演变来的，可以这样认为，匈奴是生活在北方的一个游牧部落。同时，匈奴族也是中国历史上游牧民族中率先建立统一游牧帝国的民族。

匈奴人的首领称为“单于”，皇后称为“阏氏”。

大约在秦、汉之际，匈奴产生了一位杰出的军事领袖——冒顿单于。

冒顿的父亲名叫头曼。这对父子也真算得上是冷血双绝了。为什么这么说呢？

首先，头曼因为所爱的一位阏氏生了一个少子，便想废掉冒顿这个太子而另立少子。更冷血的是，头曼派冒顿去给月氏人当人质，却拼命地攻击月氏，妄图借月氏人之手杀死冒顿。有道是：虎毒不食子。头曼这位父亲，对自己的亲生儿子怎么下得去手呢？

当冒顿知道月氏人想杀死他后，便偷了一匹好马，逃回了本国。令人不解的是，冒顿这种勇敢的行为，不但消灭了头曼想杀他的念头，还引起了对他的宠爱。可是，父亲对儿子的这种宠爱已经晚了。虽然表面上儿子对父亲言听计从，但是弑父自立的准备工作已经于无声处悄悄地进行了。终于有一天，在一次游猎时，儿子向父亲射出了响箭，杀死父亲后又杀掉了后母、少弟以及所有不服从他的人。

这样，冒顿完成了他的篡位计划和统一内部的工作。接下来，就是开始对外扩张了。

冒顿率领匈奴人，在大败东胡王之后，随即并吞了楼烦、白羊河南王，并收复了被蒙恬所夺的领地及汉朝的朝那、肤施等郡县，并对汉朝的燕国、代郡等地进行侵掠……

汉高祖六年（公元前201年）秋天，冒顿率匈奴人围攻马邑，韩王信被迫投降匈奴。然后匈奴南进，越过雁门山，攻太原，至晋阳城下。情势危急之下，汉高祖刘邦亲率三十二万步兵迎击匈奴。

时间来到汉高祖七年（公元前200年）的二月份，适逢严冬降雪。汉兵不耐严寒，掉队的人很多。冒顿佯装败走，诱汉兵追击。汉高祖率骑兵先追到了平城，步兵的大部队还没有完全到达时，冒顿便使用四十万精兵将汉高祖包围在了白登山。

汉高祖刘邦斩白蛇起义，建立汉朝，可以称得上是人中之龙了，也可以说是经历过阵仗之人了。可是这次，汉高祖刘邦真的惊慌失措了。

被围在白登山上七天七夜的汉高祖刘邦看到匈奴的骑兵阵，心中受到的震撼比饥饿更让他恐惧，因为，他满眼中所看到的，是由四种颜色的马组成的四支骑兵方队——西方为白马；东方为青龙马；南方为騂马；北方为乌骊马。

从不甘示弱的汉高祖刘邦，这回算是遇到大难题了，他情不自禁地连“咦”数声之后，收回目光，看向他的谋臣们。

这时，以善于出奇思妙计而著称的谋臣陈平，躬身说道：“匈奴人是善于骑射的。似乎，他们一生下来，不会走路，就先会骑马；不会动手，就先会射箭。匈奴人不论战时还是平时，总是以马为伍。”陈平一边把刚刚搜寻来的关于匈奴人的信息向皇上禀报，一边献上了一条突围之计。

这样的铁桶阵式，无论从里面突围还是从外面解围，都是没有希望的。于是，汉高祖刘邦只得采用陈平的计谋，贿赂匈奴阏氏，并且说冒顿再不放走汉朝皇帝的话，汉朝就准备把最美丽的女子献给单于讲和。

于是，阏氏向冒顿进言，冒顿便解开一角之围，放了汉高祖刘邦一马。

关键时刻，可以说是女人的醋意救了汉高祖。

这次战役，是汉朝与匈奴在汉朝初年的一次实力总决赛，结果以汉朝失败而结束。

汉高祖刘邦在白登山战败之后，采纳了刘敬的建议，对匈奴实行了“和亲政策”，以及开放关市，准许双方人民交易等政策。

所谓“和亲”，就是以汉宗室之女嫁给单于当阏氏，并赠送一定数量的财物，换取一时的和平。

然而，这样的和平也是暂时的，匈奴的侵掠并没有完全终止，甚至在汉高祖刘邦驾崩后的汉惠帝三年（公元前192年），冒顿单于竟然遣使修书羞辱吕太后，称“愿以其所有，易其所无”，明白地要求吕太后嫁给他，作为他的阏氏。这当然是对汉朝的极大侮辱。

吕太后当即勃然大怒，想要杀掉使者。开国功臣兼吕后妹夫的樊哙将军，更自告奋勇愿领十万大军攻击匈奴。然而，另一位开国功臣季布将军，提起了高祖以三十二万大军被困白登山一事。吕太后知道不能与匈奴决裂，只得好言相劝，送了礼物，才算应付过去了。

到了文帝、景帝时，汉朝也是一直沿用“和亲政策”以休养生息。

有人做了一个统计，从汉高祖刘邦到汉武帝刘彻初年，汉朝共与匈奴和亲七次，有三次是真正派遣的公主。

然而，每次和亲，大概也只能维持三五年的和平。

汉文帝时，虽然诚恳地希望能与匈奴和平相处，然而匈奴仍不满足，不时出兵侵扰边界。最厉害的一次，是在文帝十四年（公元前166年），冒顿单于的儿子稽粥，即老上单于，率十四万骑兵进入朝那、萧关，杀了北地都尉，再进入到了彭阳、甘泉……离汉都城长安仅200里了。

匈奴人的全盛时期，是从公元前209年至公元前128年，即冒顿、老上、军臣三位单于时期，相当于中原从秦二世元年到汉武帝元朔元年。老上单于继位后，大败并杀死了月氏王，迫使月氏向西域迁徙。北方及西北一带的丁零、浑庾、屈射、鬲昆、薪犁等部族先后臣服于匈奴。

在汉文帝、景帝时代，匈奴共分三部：单于直辖中部，单于之下设左右贤王、左右谷蠡王、左右大都尉、左右大当户、左右骨都侯等，统称为左右诸王将。贤王又称"屠耆"，通常是以太子为左屠耆，居东方。

虽然匈奴人也形成了一套完整的社会组织，然而，匈奴人是一个游牧民族，他们能开疆拓土，却不擅长驻守和建设家园。

匈奴之所以不能和汉朝和平相处，主要是由于匈奴在日常生活上所需的粮谷、美酒等都无法自己生产，必须取自汉朝。因此，当汉朝所赠送的数量不够分配时，他们就去抢掠。久而久之，竟然形成了一种习惯。

为了打击匈奴的掠夺侵扰，汉武帝决心用军事实力给予反击，彻底消除这种隐患。于是汉武帝开始留意并培养可以抗击匈奴的军事人才，这其中就包括卫青、霍去病。

汉朝开放包容的婚姻习俗

“封建”一词的原意为“封土建国”，也就是天子把自己直接管辖以外的土地分封给诸侯，并授予他们爵位，让他们建立封国，保卫中央。在汉语中，对古代中国的中原王朝所封之地称为“诸侯”或称“诸侯国”，而统治诸侯国的君主又被称为“诸侯王”或“国君”等称谓。

持唯物主义论的哲学家们，又将一种社会形态定义为“封建社会”。

《现代汉语词典》中，对于“封建”一词的解释至少有四种，其中的一种是用“封建”来比喻人的思想上的保守、泥古和不开放。

自古以来，人们 “封建脑瓜”中，最根深蒂固的一个思想，不外乎就是“好女不嫁二夫”了。这个“封建的贞节观”要求女人不能再嫁，当然更不能红杏出墙，甚至要少出门，以尽量避免和其他男人接触。

其实，从古代史籍来看，中国古代妇女改嫁并无明令禁止，尤其在宋代以前，妇女改嫁可以说是比较自由的。最著名的要数汉初三朝元老陈平的妻子，她是嫁过六个男子的女人。这个女子嫁给谁，谁不久就死了。接连嫁了六个男人，都是如此。其实，这是有着许多因素造成的，但是，同样的事情接连发生，她被冠以“克夫”的女人，于是，天底下就没有男人再敢娶她了。然而，唯独陈平不怕，反倒急切地想要得到她。陈平凭借着机智与圆滑，终成一位不倒翁式的三朝元老，最后功成身退，寿终正寝。

由此，且不说陈平所娶的妻子是否命硬克夫了，只说一个女人，在秦汉之际，包括陈平在内，她能够七次改嫁，这样的数字，即便是在思想开放的今天，也是屈指可数了吧！

一个女子可以改嫁甚至反复改嫁，至少说明当时男子对死了丈夫的妇人并不排斥，社会对此也表现出异常开通的宽容和理解。

虽然早在春秋战国时期，就有所谓“烈女不嫁二夫”的说教，但是直到宋代，倡导寡妇们不要改嫁的宣传仍然收效甚微，基本不被理睬，特别是皇家的公主们更是一点儿都不在乎。

汉武帝刘彻的第一任皇后陈皇后，她的父亲是堂邑侯陈午，母亲就是馆陶长公主刘嫖。

这位馆陶长公主刘嫖，在女儿当皇后的事情上，可谓是煞费苦心。可以说，在刘彻从胶东王成为汉武帝这件事情上，馆陶长公主刘嫖功不可没。

这里先不说陈皇后自恃“上之得为嗣，大长公主有力焉”的骄横无礼，先只说陈皇后被废的第二年，她的父亲堂邑侯陈午病逝了，兄弟陈须继承侯位，而她的母亲馆陶长公主刘嫖成了寡妇。

此后的事情，史书虽然没有记载，但是，当又过了十几年后，陈皇后的母亲馆陶长公主刘嫖去世了。本来，生老病死是人之常情，但是，令人不解的是，一位公主出身的侯府夫人，去世后，竟然与其面首董偃一起合葬在了霸陵。所谓面首，也就是男妾或者男宠的意思。

如果说，馆陶长公主是个强势的女人，但是，一个死人还不是任由活人摆布吗？

帝王家并不看重“贞节”，公主们也不想“从一而终”。比起民间那些“中毒”甚深的女人们，公主们的贞操观念实在淡薄，她们绝不至于愚蠢到为了所谓脸皮而白白葬送青春。甚至，她们中的有些老爹老妈还欢迎和鼓励女儿改嫁，认为改嫁也是一桩非常风光的体面事。

汉武帝的母亲是王娡，而王娡的母亲叫臧儿，臧儿就是一位鼓励女儿改嫁的老妈。

王娡也算是名门之后。她的父亲虽然是普通人，但是母亲臧儿却是汉初的名门之后。

早在霸王项羽在分封诸侯王时，就曾经封过一个燕王臧荼，而这臧儿正是臧荼的亲孙女。然而，虽然贵为燕王的亲孙女，但到臧儿成年之时，臧家却早已家道中落了。后来，臧儿嫁给了槐里的平民王仲为妻，生下了一个儿子名叫王信，还生了两个女儿，长女王娡，次女王儿姁。王仲死后，臧儿又改嫁给长陵田氏，生了两个儿子，一个名叫田蚡，另一个名叫田胜。

当王娡刚成年时，就在母亲臧儿的主持下，嫁到一户普通农户的金王孙家里，没过多久，王娡便生下了一个女儿，取名叫金俗。

如果日子就这么过下去，那么，王娡和母亲臧儿都会和千千万万人一样，如一粒灰尘，淹没在滚滚红尘中，不留一点儿痕迹。

然而，发生了一件事情，改变了王娡的命运。

有一天，母亲臧儿找了一位叫姚翁的相士，为自己和子女们相面。姚翁告诉臧儿："长女王娡是大贵之人，会生下天子。"

臧儿听完之后很是高兴，但一想：现在的女婿金王孙是绝没有可能称王称帝的了，女儿王娡在金家即使生下再多的儿子，也和天子没有半毛钱关系的。

思来想去之时，恰逢当朝太子宫征召嫔妃宫女，臧儿就有了主意。

母亲臧儿把女儿王娡从金王孙家叫回来，并对女儿说出了自己的想法。初时，王娡也没有同意，但在母亲臧儿晓以利弊的劝说下，王娡对此也表示要尽力一试。于是，王娡趁回娘家归宁之机，弃夫应召。

金王孙当然很是愤怒，不肯和妻子王娡断绝关系，但也无法阻止，只能眼睁睁看着自家老婆成了皇家的妃子。

臧儿托了很多的关系把王娡送进了太子宫。王娡得宠之后，又向太子刘启夸赞胞妹王儿姁的美艳，不久王儿姁也进入了太子府。

王娡替汉景帝产下了一男三女，那男孩就是后来大辟疆土的汉武帝刘彻，长女就是后来的平阳公主。

一个女人，居然因弃夫重婚而母仪天下，真令发誓不二嫁的烈女悔断肝肠。谁说皇帝信奉"好女不嫁二夫"的信条了！

事实上，皇帝对公主改嫁不但予以支持，就连他们自己也十分乐意接纳改嫁的女子。

假如当时为太子的刘启，不接纳改嫁的女子，那么，就算有算命人说王娡可以当皇后，她又怎么会在已嫁作民妇，并已生儿育女的情况下，再成为一个幸运的女人呢？王娡的母亲也不会执意，也不能把她送入宫中，更谈不上成为美人，以及生下了刘彻了。

王娡是宫廷之争的得益者，通过政治联姻，提升了宫廷地位。她培植的外戚，成为少年刘彻的政治后盾，她周旋于刘彻和太皇太后窦氏之间。她一路谨小慎微，不断为自己的儿子扫平前路的障碍……而这一切的前提，就是当时的汉室皇族对再嫁之女不排斥，重要的是，后来成为汉景帝的刘启，是乐意接纳王娡这个再嫁之妇的了。

“汉家旧典，尊崇母氏”，汉代以孝治天下，汉武帝刘彻更是一个大孝子。

王娡与前夫金王孙生的女儿金俗，一直在民间。汉武帝刚刚登基时，韩嫣告诉了汉武帝这件事。汉武帝说：“怎么不早点儿说？”

于是，汉武帝亲自去迎接姐姐。

金俗的家在长陵边上的一个小市场附近，当汉武帝的车驾到了她家门口时，金俗家人看到皇帝的车驾惊恐万分，金俗更是要逃匿。左右将她扶出拜见了皇帝，汉武帝下了车驾说道：“大姐，怎么藏得这么隐秘啊？”

到了长乐宫后，金俗与汉武帝一起进宫拜谒母亲。已经贵为太后的王娡流下了热泪，金俗也悲伤地哭了。后来汉武帝赐给金俗钱千万，奴婢三百人，公田百顷。又赐给金俗汤沐邑，封金俗为修成君。

可以说，汉朝皇室家族的人脑袋不封建，对于女人再嫁如此看得开，那么，卫青和霍去病的出生就好理解了。

平阳侯府的侯妾没有名字

平阳侯府，对于本书两位主人公——卫青和霍去病来说，意义相当重大。可以说，平阳侯府是他们人生的第一个舞台。因此，在这里还得多啰唆几句。

平阳侯府最早的主人名叫曹参，字敬伯。他是泗水沛人，即今江苏沛县人。对于沛县，大家并不陌生。汉高祖刘邦是沛县人，曹参和刘邦是老乡。不只是曹参与汉高祖刘邦，西汉很多开国功臣，如萧何、樊哙、夏侯婴等都是同一时期的沛县人。

秦时，萧何、曹参二人已当上官吏，在县中大多是好名声。曹参为沛县的狱掾，即管理监狱的小吏，萧何为主吏，是曹参的上司。

当时刘邦、樊哙二人的地位有点儿糟糕，相当于地痞的角色。因此，在乡里父老眼中地位就可想而知了。后来，刘邦做了亭长，成了萧何与曹参的下属。不过呢，萧何、曹参、夏侯婴等人都与刘邦交情深厚。

秦二世元年（公元前209年），刘邦斩白蛇起义，曹参跟随刘邦在沛县起兵反秦。此后，身经百战，屡建战功。

当项羽到了关中，封刘邦为汉王以后，汉王刘邦就封曹参为建成侯。建成侯曹参一直跟随着汉王打到了关中，升为将军。此后，曹参以将军、中尉的身份，跟随汉王扫荡诸侯，一直到项羽战败，才回到荥阳，前后总共历时两年的时间。

汉高祖二年（公元前205年），曹参被任命为代理左丞相，领兵进驻关中。过了一个多月，魏王豹反叛，曹参以代理左丞相的身份，分别与韩信率军向东进军，攻打魏王的将军孙遬率领的军队，孙遬大败。曹参乘势进攻安邑，捕获魏将王襄，并在曲阳进击魏王，追到武垣，活捉了魏王豹。最后，曹参夺取了魏王的老巢——平阳。抓住魏王的母亲、妻子、儿女，平定魏地，共得五十二座城邑。因此，汉高祖刘邦把平阳赐给曹参作食邑。

待天下平定之时，曹参共攻下2个诸侯国和122个县，俘获诸侯王2人，诸侯国丞相3人，将军6人，郡守、司马、军候、御史各1人。

汉高祖六年（公元前201年），刘邦对有功之臣论功行赏，分封列侯的爵位，曹参功居第二。刘邦把平阳的10630户，封给了曹参作为食邑，赐爵平阳侯。朝廷与诸侯剖符为凭，使被分封者的爵位世代相传而不断绝。

汉惠帝二年（公元前193年），萧何临终前，萧何向汉惠帝刘盈推荐的贤臣只有曹参一人。曹参听到萧何去世消息后，就告诉他的门客赶快整理行装，说："我将要入朝当相国去了。"过了不久，朝廷果然派人来召曹参。于是，曹参官至丞相，成了继萧何后的汉代第二位相国。

曹参遵循萧何制定的规章制度无所变更，于是，后世就有了"萧规曹随"的评价。唯一不同的是曹参担任相国时，整天痛饮美酒是出了名的。

曹参之所以饮酒无度，是为了使前来游说之人无法开口。朝中卿大夫以下的官吏和宾客们见曹参不理政事，上门来的人都想好言相劝。可是这些人一到，曹参就立即摆酒款待，过了一会儿，有的人想说些什么，曹参又让他们喝酒，直到喝醉后离去，始终没能够开口劝谏。

从曹参无为而治的角度看，也许有一定的道理，但是，上行下效，此风为下属模仿，下属们都喜欢宴乐。相国住宅的后园靠近官吏的房舍，官吏的房舍里整天饮酒歌唱，大呼小叫。曹参的随从官员们很厌恶这件事，但对此也无可奈何，于是，就请曹参到后园中游玩，希望相国加以制止。可是，曹参反而叫人取酒摆席痛饮起来，并且也高歌呼叫，与那些官吏们相应和。

曹参做了三年相国，他死后，儿子曹窋接替了平阳侯位。曹窋为平阳侯29年后去世。曹窋的儿子曹奇接替平阳侯位，为平阳侯7年去世。曹奇的儿子曹时，也就是曹寿，接替了平阳侯位。

曹时娶了平阳公主，生了儿子曹襄。曹时为侯23年去世。曹襄接替了平阳侯位。曹襄娶了卫长公主，生了儿子曹宗。曹襄为侯16年去世，曹宗接替侯位。直到征和二年（公元前91年）时，曹宗因受汉武帝太子发动兵变一事的牵连，获罪被处死，至此，封国被废除。

曹参的子孙们，成了地地道道的官二代、三代……没有继承曹参行军打仗，上场杀敌的英勇神武，对饮酒宴乐一事却是毫不含糊。

鉴于如此风尚，在平阳侯府中的侯妾、女僮、歌伎等，不仅人数多，而且不乏有品貌技艺超群的美女。

在曹窋为平阳侯的时期，一个稚嫩的小丫头进到了平阳侯府。这个小丫头当时姓什么，叫什么名，后世没有人知晓。因为她只是一个侍候人的小丫头，职责是侯府家的女僮。

当然，侯府家的女僮肯定不止她一个，所以，为了区分，也许她当时在侯府里，人们都称她为平儿、寰儿、英儿诸如此类的小名吧！但是，史书没有记载。

随着时光的流逝，这个不知名的小丫头渐渐出落成了一个美丽的女子，而平阳侯也由曹窋换成了曹奇。由于侍奉的主人发生了改变，已经成熟的女子的职责也由女僮变成了侯妾。

女僮，是奴婢、婢女。

对于“侯妾”的理解有多种。一说，大约就是俗称的家妓，用以娱乐宾朋的；另一说，侯妾是侯爷的妾侍。

在汉朝，只有妻子称呼丈夫为夫君，而妾只是奴仆。对于妾来说，没有丈夫，只有主人。在外人面前，妾称呼主人为家主，对主人，自然称呼为主人了。

不论是女僮还是侯妾，总而言之，都是侯府的仆人或下人，说白了，就是奴隶。作为奴隶，这个女子只能被动接受主人强加给自己的一切。她必须招之即来，挥之即去。

当然，这里提到的女子，不是别人，就是本书的第一个主人公卫青的母亲，也是第二个主人公霍去病的外祖母。同时，更主要的是，她是汉武帝第二任皇后卫子夫的母亲。

对，她就是史书中所称的卫媪。

卫媪在年轻时，只是一名侯府的女奴，即便是有一个类似名字的称谓，也不会有史官去记录。等到她母凭子女贵，而被司马迁这样的史官记录时，已是生儿育女的老太太，因此，依儿女的姓氏，就只能称她为卫媪，即卫老太太了。

因此，可以说，卫媪不是名字，只是一种称谓。

所以，在这里，我们说，平安侯府的侯妾没有名字，但是，应该说，卫媪是很幸运，也是很幸福的。

卫家婆姨卫媪和她的子女们

汉朝时，人们对称呼是很讲究的。

比如，女子称呼年轻男子可叫阿郎、大郎，而称呼老年男子，则叫老丈。最有意思的是，男子称呼年轻女子为姑子或者小娘。

当然，称呼老年女子则为媪。“媪”是老妇的意思，本书中提到的“卫媪”，当然就是卫家老太太的意思了。

卫媪，原本是平阳侯府的仆人。虽然姓名史书没有记载，但是，她能让中国第一部纪传体通史的《史记》称其为侯妾，能让“二十四史”中的《汉书》称其为主家僮，就说明，她已经是可以载入史册的女人了。

当然，卫媪之所以被载入史册，与她所生的女儿、儿子有直接关系。

卫媪一生中至少和三个男人生了四子三女，共七个孩子。这是有痕迹可寻的。那么，下面就让我们一起沿着史书的痕迹，去看一看卫媪和她子女们的人生轨迹！

在汉朝，除了妻子儿女，其他如妾、婢女、骑奴、男丁等等都是主人的私有财产，是要上税的。

汉朝法规明文规定：女子过15岁不婚者，30岁之前，分五等交税，每升一等加征一算，到30岁加到五算，即一年要交600钱。在《汉书·惠帝纪》中就明文记载着：“女子年十五以上至三十不嫁，五算。”

然而，也确实有例外的，比如，对王侯将相家的奴仆的免税政策，就没有年龄限制。尽管如此，但奴婢作为王侯家的财产，婚育本身就是在增加主人的财富。也就是说，奴仆所生的子女，户口仍然记到主人家的户簿上，接着成为主人家的打工仔。也许开明的主人，会管吃、管喝、管住，同时，还给点儿零用钱之类的，仅此而已。

作为汉朝第二大开国功臣的平阳侯府，奴仆们当然是能免税的。然而，让奴仆们结婚生子，一来能体现主人侯爷的人文关怀，二来能增加侯府的奴隶资源和财富，历任侯爷又何乐而不为呢！

因此，卫媪在完成了从少女向女人过渡之后，时任平阳侯的曹奇，就做主将她嫁给了平阳侯府中的卫姓仆人。由此，那个没有名姓的侯妾，就成了卫家的婆姨，并且随了男人的姓而被称呼起来了。

从此，卫媪也就正式成为了卫媪。

至于卫媪与侯爷曹奇的关系问题，史书上并无记载，也没有与曹奇育有子女的记录。

现只说卫媪跟不知名的卫姓男子生了三女一子。

长女，卫君孺，后来嫁给了九卿之一的太仆公孙贺。

次女，卫少儿，即本书的第二位主人公霍去病的生身之母。

三女，卫子夫，卫子夫在平阳公主府上被汉武帝看中入宫，后来成为孝武皇后，在皇后位38年，谥号“思”，是中国历史上第一位有独立谥号的皇后，也是开创了“昭宣之治”的宣帝的曾祖母。

一子，卫长君，因为早亡，所以在历史上没有留下太多的记录。

卫媪的一生中，除了跟卫姓男子生下三女一子，还有两段浪漫的爱情经历。

第一段爱情浪漫史，大约开始于平阳侯曹奇的葬礼上。

王侯的死，在汉朝属于大礼仪事件，首先得给起个名字。在汉朝，对于“死”的说法也是分等级和有区别的。

《礼记·曲礼》中记述道：“天子死曰崩，诸侯死曰薨，大夫死曰卒，士死曰不禄，庶人死曰死。”

不仅死了要分等级，而且还不能随便乱用。比如说在写治丧讣告的时候，就不能随便写某某某薨于哪年，或者是卒于哪年，得看这个死人生前是什么身份。

王侯级别的，死了都用薨，这是身份的一种象征。因此，当平阳侯曹奇死了，正规的说法就应该叫作——薨逝。

俗话说：瘦死的骆驼比马大。平阳侯曹奇是第三代平阳侯，虽然到了曹奇身上，平阳侯府的权势不比曹参时代了，但是侯府的恩德情分仍在。因此，曹奇薨逝的讣告一经公布，朝廷上立即派人来公开宣悼谥号。其他如朝中大臣、河东郡郡守、平阳侯属地内的平阳县令等各级相关官员，也都纷纷前来吊唁。

当然，吊唁的人，也不外乎是提醒太夫人和新继任的平阳侯小曹寿节哀顺变之类的话语。作为平阳侯属地的平阳县令，临走时还留下了一个叫郑季的低级县吏，帮着侯府处理后事。

此时的卫媪，已经生有三女一子，论资历，在侯府上下也应该是有些号召力了。因此，在办理侯爷曹奇的后事时，免不了要与留在侯府当值的郑季有了接触。

偏巧在这时，卫媪的男人，也就是那个不知名的卫姓男子，被派往外地出差，也不知何故，最后竟然死在了出差途中。

男人是女人的天，男人死了，对于卫媪来说，相当于天塌了下来。处在艰难困苦中的女人，在感情上也最脆弱。悲情中的卫媪得到了郑季的关心和照顾，情愫也就在心中慢慢滋生了。久而久之，便是生出了两人的共同结晶——孩子。

这孩子就是卫青。

于是，卫媪就又得一子。

郑季是有家庭的，他也不是侯府的人，终究是要离开侯府的。

这样，卫姓男人死了，郑季也不来侯府了，与郑季的私情也就算到头了，卫媪又落单了。于是，不知在何时，她又有了第二段浪漫的邂逅。

对于这段经历，史书上只写了寥寥数语。

《史记·卫将军骠骑列传》中记载道：“后子夫男弟步、广皆冒卫氏。”

《汉书·卫青霍去病传》是这样记载的：“子夫男弟步广，皆冒卫氏。”

这就是说，卫媪与另一个没有记载姓名的男人，又为卫子夫生下了两位弟弟——卫步和卫广，二人皆随了卫姓。

也有一说，卫媪与另一个没有记载姓名的男人是生下了一个儿子，名叫步广，随了卫姓叫卫步广。

由此，卫媪一生共生育了三女四男，共七个子女，或者是三女三男，共六个子女。

这些子女们是同母三父的兄妹。唯一相同的是，所有的孩子后来都姓卫。而那个虽然没有记录下名字的卫姓男人，若泉下有知，自己不仅生了个母仪天下的闺女，而且还凭空多了二三个冒用卫姓的儿子，也应该含笑九泉了吧！

汉武帝的胞姐阳信长公主

卫媪和她的子女们之所以被载入史册，有一个人是不能不提的，她就是汉景帝刘启与皇后王娡的长女、汉武帝刘彻的同胞长姐——平阳公主。

虽然贵为公主，但是她的名讳及生卒时间，史书上却没有记载。

汉朝时，一般以公主食邑或夫家封邑所在地称呼公主。

少时，因为公主的食邑是阳信，所以时称阳信公主。后来，因其嫁给了开国功臣曹参的曾孙平阳侯曹寿（又名曹时），所以又被称为平阳公主。当弟弟刘彻即位后，又被尊为长公主。

平阳公主与曹寿的婚姻，可以说是门当户对了，但也不乏政治婚姻的烙印。

虽然平阳公主出嫁的具体时间已无法考证了，但可以确定的是，出嫁于汉景帝年间，当时的刘彻还只是个太子。

不是所有的太子，到最后都会顺理成章地成为皇帝。太子被废的事屡见不鲜。即使是刘彻这个太子，也是前太子刘荣被废后才当上的。所以，作为母后的王娡的神经时刻紧绷着，丝毫不敢放松。总怕一不小心，在哪个环节上出现问题，此前所有的努力就会前功尽弃了。

当时，有一个人对太子能否成为皇帝，还起着一定的作用，这个人就是汉文帝的皇后、汉景帝的母后，史称窦皇太后。

窦太后，传说名为窦漪房。她出身贫寒，后被选入宫中。吕后将一些宫女分给诸侯王时，窦氏被分给了时为代王的刘恒。刘恒即位后，她被封为皇后。她与汉文帝育有一女二男。长女为馆陶公主，长子为刘启，即后来的汉景帝，她最宠爱的是小儿子刘武。

公元前157年，汉文帝驾崩，景帝刘启即位，皇后窦氏成了皇太后，开始把持朝政。窦太后过于溺爱幼子刘武，不仅赏赐不可胜数，而且恨不得让他登上皇位。最初，景帝对这位皇弟感情很深，且在一次家宴中要将江山付托给弟弟刘武。当时还未立太子，过后，窦皇太后欲立梁王刘武为嗣，竟然再次征求各大臣意见，众大臣皆一致反对，才作罢，但也埋下了隐患。

窦太后的治国思想，继承了汉高祖刘邦的意愿，奉行老庄的“无为而治”。

这一切细情，太子刘彻的母后王娡是非常清楚的。冥思苦想之后，她除了定下刘彻与馆陶公主的女儿的婚事之外，又在儿子将来当皇帝的天平上加上了一个砝码——将长女嫁入平阳侯府。这是为什么呢?

前文已经提到，平阳侯府的第一代侯爷曹参，他不仅是汉朝的第二大功臣，而且为相理念也是“无为而治”的黄老思想，有“萧相曹随”的佳话。曹氏的子孙虽然没有大的建树，但是继承祖上的这一思想还是绰绰有余的。而关键的关键是，曹家的这一思想和把持朝政的窦太后的治国思想是一致的。

况且，论门第，公主嫁入平阳侯府，也是最好的选择了。

话说曹寿取了平阳公主后，对公主是百依百顺，言听计从。平阳公主也深知母后的担忧。因此，平阳公主时不时地催促夫君曹寿前去太子宫，教授太子黄老之学。

应该说，平阳公主在汉武帝刘彻登基这件事上是出过力的。因此，当汉武帝即位后，立即封平阳公主为长公主，并且，平阳公主是汉武帝刘彻唯一一个封为长公主的姐妹。

汉武帝元光四年，即公元前131年，曹寿去世，平阳公主成为了寡妇。

平阳公主和曹寿生有一子，名叫曹襄。按照惯例，曹寿死后，儿子曹襄继承了平阳侯的爵位。

曹襄成年后取的妻子，是汉武帝刘彻与皇后卫子夫的长女卫长公主。曹襄与卫长公主生有一子，名为曹宗。

只是当曹宗这个孙子出生时，平阳公主已改嫁给汝阴侯夏侯颇。

夏侯颇是开国功臣汝阴侯夏侯婴的曾孙。

夏侯婴可不是一般的战士。他不仅是汉高祖刘邦的老乡，而且是少时无话不谈的伙伴。他跟随刘邦起兵以后，战功卓著。特别值得一提的是营救后来的汉惠帝刘盈一事。

当刘邦回军平定了三秦之后，夏侯婴随刘邦攻击项羽的军队。在彭城，汉军被项羽打得大败。刘邦兵败，乘车马奔逃。在半路上，遇到了刘邦和吕后的一对子女，也就是后来的汉孝惠帝和鲁元公主，就把他们收上车来。马已经跑得十分疲乏，后面又有敌人紧追，刘邦情急之下，几次用脚把两个孩子踢下车去，想扔掉他们减轻重量，然而，每次都是夏侯婴下车把他们收上来，一直载在车上。刘邦为此非常生气，几次想要杀死夏侯婴。最终，逃出了险境，两个孩子被安然无恙地送到了丰邑。

孝惠帝即位后，惠帝和吕后非常感激夏侯婴在下邑路上的不离不弃，就把紧靠在皇宫北面的一等宅第赐给他，名为“近我”，意思是说，这样可以离我最近，以此来表示对夏侯婴的格外尊崇。

然而，夏侯颇虽然继承了曾祖的汝阴侯之位，却没有继承曾祖的德行。夏侯颇虽然取了平阳公主，却与父亲的姬妾通奸，而后畏罪自杀，封国也被撤消，使得平阳公主又一次守寡。

平阳公主的第二段婚姻没有留下子嗣，从夏侯颇竟然与父亲的姬妾通奸一事来看，当时他们的感情不会很好。也许当初他们的婚姻，就带着某种强迫也说不定。

对于平阳公主来说，又一次守寡后的第二年，也就是公元前114年，她的儿子曹襄也去世了。虽然有孙子曹宗，但是，因为没有在一起生活过，感情也淡薄了，因此，真正成了孤家寡人的平阳公主选择了第三次嫁人。

平阳公主三嫁的对象，就是本书的第一个主人公，此时已身为大将军的卫青。根据《汉书》记载：平阳公主在临终前，主动要求与第三任丈夫卫青合葬，死后陪葬茂陵。

现在，回过头来再说说平阳公主的长公主封号。

在我们现代人的想法里，但凡皇帝的女儿或姐妹都自然是公主。其实，在汉朝，公主本身就是封号，也是有食邑的。而被皇帝封为长公主，更是尊贵无比的地位象征。从汉武帝只封了平阳公主是唯一的一个长公主，就说明了这一点。

平阳公主的长公主的地位得来不易，维护起来也相当艰难。期间，她付出了许多心血与努力。

为了讨好汉武帝，平阳公主给他送女人，包括后来母仪天下的卫子夫以及更后来的绝色美人李夫人。

武帝驾临平阳侯府

汉景帝后元三年（公元前141年）正月，16岁的太子刘彻登基即皇帝位，是为汉武帝。

俗话说，新官上任三把火，何况皇帝呢？新皇登基，血气方刚的少年天子雷厉风行地烧了一把火——建元新政。

“建元新政”的举措之一，就是新皇下令列侯以及二千石以上的官员，察举贤良文学，向朝廷推荐人才，由皇帝亲自策问论对。

那么，什么又是“贤良文学”呢？

所谓“贤良文学”，就是贤良方正与文学的连称，德才兼备又正直不阿的儒家士人。

而“察举贤良文学”则是汉代选拔人才的一种途径。两汉的皇帝大都颁布过察举贤良文学的诏令，一些名士也因此对策高第而入仕。说白了，这就相当于后世从隋唐开始兴起的科学制度，但与科举制有所不同的是，察举是考察举荐人才，而不是考试录用人才。

这一政策的推出，一时间朝野上下一片哗然。

为什么这么说呢？

西汉是以仁孝立国，自汉高祖刘邦以来，历代皇帝行的都是清静无为、与民生息的政策。“萧规曹随”也是长期以来王公大臣们奉行的工作准则。而最重要的是，在选人用人上都是实行世袭罔替的。

在这里，不能说那些王侯将相的子孙们都是无能之辈，但是，因为决定他们能否当官入仕的不是个人才学，而是生对了人家，所以，王侯将相的子孙们，很容成为不思进取的纨绔子弟。这也正如后世人所作的诗中道：自古英雄多磨难，从来纨绔少伟男。

那么，“纨绔子弟”一词又是从哪儿来的呢？通常把官僚、地主等有钱有势人家成天吃喝玩乐、不务正业的子弟叫作“纨绔子弟”。

古代人上身穿的叫“衣”，下身穿的叫“裳”，所谓“裳”，其实就是大裙子。不论男女都是穿的这种衣裳。每当走路时，两腿间呼呼进风。因此，有钱人为了保暖，就在两条小腿上，各套上一只长筒袜，而这种袜子就叫“绔”。而更加有钱的人，是用细滑的丝织品做袜子的，叫作“纨”。能穿上“纨”和“绔”的都是有钱人，因此，以后就把有钱人家的子弟，称为纨绔子弟了。

汉武帝刘彻登基伊始，就颁布了察举制等一系列新政。立即，朝野上下、宫廷内外，或拍手称赞，或谩骂怨恨……

于是，就有人将少年皇帝刘彻，告到了人老心不老的窦太皇太后面前，说皇帝不让他们活了。

少年皇帝的新政严重触犯了朝廷元老们的利益，窦太皇太后终于发难了，因此，一场风风火火的“建元新政”，以失败告终。新政失败后，刘彻很抑郁，终日沉溺于声色犬马中，以此消愁。

不久，有风言风语传了出来，说少年天子不能生育。俗话说，无风不起浪。也难怪有风言风语，因为刘彻大婚已经两年了，还未见陈皇后的肚子有动静，掖庭的美人们也没见谁怀了龙胎。

皇帝无后可不是小事，刘彻的母亲已贵为太后的王太后心里也是着急。于是，已被封为长公主的平阳公主，主动为母后分忧，暗地里搜罗了十几个美貌的良家女子，养在平阳侯府中细心调教，准备找适当的机会献给武帝。

汉武帝建元二年（公元前139年）春三月，上巳日，汉武帝驾临了平阳侯府。皇帝驾临，对所有臣民来说，绝对算是个可喜可贺又需紧张忙碌的大事儿。

18岁的少年天子刘彻，是去霸上祭祀先祖、祈福除灾回宫时顺路来到平阳侯在京府邸的，看望当时嫁给平阳侯曹时（即曹寿）的平阳公主。

虽然武帝只是路过胞姐平阳公主家，一时兴起，以弟弟的心情来看望姐姐，但他毕竟是皇帝，也不免引起了平阳侯府上下的一阵紧张忙碌。

待武帝落座后，平阳公主笑着说：“皇上，前些日子听母后说，皇上身边侍候的宫女都不大称心，姐姐就留心物色了几个，皇上要不要过过目，看有没有中意的？”

少年皇帝刘彻明白姐姐平阳公主的意思，笑道：“好吧！让她们来吧！”

平阳公主一挥手，十几个宫廷装扮的女孩儿鱼贯而入。她们按照宫廷礼仪俯身下拜，刻板得如在皇宫中。武帝一见，就有些倒胃口。

也难怪，武帝在还是太子时就见惯了这样的女子，因此，根本提不起兴致。

在一边察言观色的平阳公主不免有些失望，摆摆手，命令这十余人退下，传酒菜开宴。

酒菜上来了，悠扬清越的笙箫鼓乐也同时响起。初时只闻笙箫鼓乐相和，不多时，伴着那即古朴又清新的乐曲，十几个长袖束腰的艳装舞姬扭动腰肢，跳起了民间采撷舞。

“彼采葛兮，一日不见，如三月兮……”清亮婉转的歌声从舞者中间传来，边舞边唱。如莺似鹂的歌声，伴着曼妙多姿的舞蹈，一下子抓住了少年皇帝的心神。而当他长身循着歌声望去，不禁一下子怔住了。武帝的少年之心，急骤地怦怦跳了起来，心想：看来世上真有如此清丽脱俗的女子啊！

武帝眼中所看到的歌舞者，是一个十七八岁的妙龄女郎，身着葱绿色云雷纹束腰长裙，淡扫娥眉，薄施粉黛，一双俏目晶亮，如清澈的湖水，乌黑的头发在脑后松松地绾了个美人髻。真可谓：清丽而又不失娇俏妩媚，淡雅时更见美艳风流。把个少年刘彻竟看得呆了，痴了，情不自禁地起身朝那女子走去……

有道是：哪个少年不多情，哪个少女不怀春。

走到近前的刘彻，柔声问道：“你叫什么名字？”连他自己都奇怪，自己怎么会发出这么柔情的问话。当皇帝虽然仅仅两年左右的时间，他都觉得自己高高在上的，似乎已经不食人间烟火了。

“回皇上，奴婢叫卫子夫。”当然，这个被武帝一见钟情的女子，正是卫媪的三女儿、平阳侯府的讴者——卫子夫。

平阳公主一见此情此景，心中窃喜，暗想：“这才是有心栽花花不开，无心插柳柳成荫了。”

实话说，献歌舞环节并不是专为武帝这次驾临而准备的。平阳侯府中的歌舞可以追溯到上四代。卫子夫在少小时就在平阳侯府中学习歌舞了。

望着眼前风度翩翩的少年天子，子夫的少女之心也不禁怦然心动。正当卫子夫心里小鹿乱撞，不知是继续歌舞还是做什么时，只听身边的武帝又开了御口："刚才吃酒时不小心洒在了外衣上，朕要去更衣！"

卫子夫知道皇帝的话是对平阳公主说的，可是皇帝的眼睛却在看着她，正不知所措之时，只听平阳公主说道："子夫！还不快去给皇上更衣！"卫子夫先是怔了怔，然后含羞带怯地跟在武帝的后面去了尚衣轩。

尚衣轩内，彩烛"吱吱"地吐着热烈的火花，卫子夫也完成了从少女到女人的飞跃。

再次回到筵席上，武帝似乎也成熟了许多，又恢复了英武之气。看得出武帝非常高兴，席间就赐给了胞姐平阳公主黄金千金。

平阳公主一边拜谢武帝的赏赐，一边奏请武帝允许她将卫子夫送入宫中。这正中武帝下怀，当然欣然答应了。

武帝准备起驾回宫了。平阳侯与平阳公主拥着武帝和卫子夫走出了府门。

"子夫，去吧！在宫里，好好保重自己，好好侍候皇上，将来若是富贵了，可别忘我呀！"临上车之时，平阳公主微笑着拍了拍卫子夫的后背说。

此时，卫子夫的脑子还是一片空白，这一天发生的一切似乎在情理之中，又实在是在意料之外。她也不知道此去将会如何？听到平阳公主的话，她下意识地就欲躬身下拜，却被平阳公主一把拉住了，并亲自把她扶上了车。

平阳公主这一拉一扶，令卫子夫恍恍惚惚如在梦中，她诚惶诚恐地望着女主人，竟然不知自己是如何坐上皇家车辇的了……

此外，这次武帝驾临平阳侯府，还相中另一位人才，那就是卫子夫的弟弟卫青。霍去病此时也在平阳侯府中，只是当时他还在襁褓中……

第二章　卫青出世：艰难困苦，王汝于成

出生，没人记住时间

汉景帝年间，一天，在河东平阳县平阳侯府的一间别院中，侯妾卫媪生下了一个男婴。

知道男婴出生的人本来就没有几个，在场的人也没有谁会想到这个男婴以后会成为大将军，因此，当这个男婴成为大将军而被史官载入史册时，他的出生年月，也无法记录。

虽然没人记住他的出生时间，但是，并没有影响他成为一位响当当的、令匈奴人闻风丧胆的大英雄。

当然，这个新出生的男婴，就是卫青。

平阳地处太行、吕梁两山之间，枕山带河，天下要地。卫青出生时的平阳，国泰民安，物阜民丰，一派歌舞升平的祥和景象。

在市井的中央繁华地段，有一处最为气派的深宅大院——平阳侯府。

平阳是大汉开国功臣平阳侯曹参的封邑。当年曹参追随汉高祖刘邦打江山立下了汗马功劳。汉朝建立后，刘邦论功行赏，对有功之人进行分封，曹参被封为平阳侯，世袭罔替。如今，侯府的主人已是第四代了。

当然，此时的第四代侯爷曹时（曹寿），还是几岁大的孩童。而平阳公主此时还未嫁入平阳府，大约还在皇宫中当她的阳信公主呢！

俗话说，一入侯门深似海。卫媪进入平阳侯府三十余年，也算是平阳侯府仆人中的三朝元老了。第三代平阳侯曹奇做主将她嫁给了侯府中的卫姓男子，育有了一子三女。如今，最小的女儿子夫，也已有3岁了。

平阳侯爷待卫媪不薄，不仅让她嫁人，而且还分派了别院让她们全家居住。侯府深深，院落几重，反正也不差她的几间房子。而她感恩于侯爷，不仅自己和男人为侯府尽心尽力，而且所生的子女们从一生下来，就成了侯府的家奴。

本来日子就这么平静地过下去了，但是卫姓男人因在为侯府出差办事中不幸身亡，卫媪的平静日子就被打破了。

恰逢第三代平阳侯爷薨逝，在办理侯爷丧事的时候，卫媪与平阳小吏郑季相识，并发生了一段感情。

于是，已是人过中年的卫媪，再一次当了母亲。

刚刚分娩后的卫媪，托着疲乏的身子，虚弱地看着刚出生的儿子。只有她的一子三女围绕在身侧，不见儿子的爹——那个叫郑季的男人。

卫媪知道，她与郑季是不会有结果的。

郑季只是平阳的一名小吏，不仅官俸微薄，守着祖传的几亩薄产度日，而且早已娶妻生子。

虽然法令不禁止一妻多妾，但是，郑季既没有多娶的经济力量，托儿带女的卫媪也不可能去给郑季当妾，况且，卫媪是平阳侯府的家奴，说白了，是侯府的财产，郑季拿什么来给卫媪母子赎身呢！

看着儿子粉嫩的小脸儿，卫媪想：走一步看一步吧！

“娘，小弟弟叫什么名字？”孩子们是永远不知道忧愁的，高兴地围在卫媪身边的子女们快乐地问。

孩子们的问话提醒了卫媪，是啊！怎么着也得给孩子取个小名啊！

识字不多的卫媪想：尽管没爹的孩子就如一棵随风摆动的青草，连姓氏都没有，但毕竟是父母两人情之所至的结晶。那就叫阿青吧！

“阿青，阿青——”孩子们拍手笑着，叫着……欢乐溢满了小院儿，卫媪紧皱的眉头也舒展开了。

看得出，哥哥和姐姐特别喜欢阿青这个小弟弟。特别是三姐子夫，虚岁才只有3岁。常常赖在母亲的床上，逗着小弟弟，甚至跟吃奶的阿青小弟弟抢奶吃。

就这样，儿时的卫青在母亲和哥哥姐姐的呵护下，度过了几年快乐的童年时光。

当卫青长到6岁时，一件事改变了他的生活走向。

此时，是汉景帝年间，“文景之治”的成果显著，人民安居乐业，歌舞升平。

这一年，继承了平阳侯爵位的第四代平阳侯曹寿，已经到了入仕的年龄。一是为了安抚先臣遗孤，另外更主要的是，当朝天子景帝已做主将长女阳信公主许配给了曹寿。

阳信公主不愿意离开长安，母后王皇后便给景帝吹了耳边风，于是，在长安专门建了一座府邸，作为公主出嫁的嫁妆。

府邸建好后，天子特召平阳侯曹寿进京入仕并完婚。

春风得意马蹄疾，即将走入仕途和成为驸马爷的曹寿，准备携母迁往京都长安。为了少些累赘，同时，想到新夫人肯定会新挑选女仆家丁，因此，平阳侯爷进京前，只挑选了一些手脚麻利的女仆和家丁跟随，其余人员大部分留给了侯府中的前辈家眷们，同时，还用金钱银两遣散了一些老弱家奴们。当然，干活手脚麻利的卫媪和她的未婚子女们，是一定要随同进京的。

然而，卫媪有了更深的思考。

卫媪想：三个女儿初长成，不说美貌似天仙，但都继承了她的品貌气质，可说是个顶个的温婉可人。虽说都还未出嫁，但假以时日，终会找个好人家的。因此，对于女儿们，卫媪暂时不做太多考虑。和卫姓男人所生的大儿子，是一个天生的病秧子，倒是有点儿愁人，可眼下呢，也只好留在侯府了。因为侯府中管事的会照顾他，找些轻便的活计当差。

卫媪思考得最多的是小儿子阿青。

阿青已经6岁了，虎头虎脑，古灵精怪，却也十分讨大家的欢心。平日里，阿青和侯府的家丁武士们学习拳脚，一招一式，像模像样。

儿子越优秀，卫媪想得越多。难道让儿子跟着自己一辈子做家奴吗？儿子应该成为自由人，应该有自己的姓氏，应该有自己的广阔前程。

想到这一层，于是，卫媪这么多年来，第一次找到了郑季。

“我别无所求，只求你，让儿子认祖归宗吧！”卫媪见到多年未谋面的郑季，开口就说了这一句话。

郑季是知道有这个儿子的，但这么多年他一直不敢相认。如今，卫媪向他提出来了。作为母亲，为了儿子的前途，能忍痛将儿子交给他这个父亲，他还能说什么呢？

侯府举家进京的车马启程了，而6岁的阿青跟着生身父亲留在了平阳，并正式有了大名——郑青。

如果母亲卫媪知道儿子接下来的日子会那样，打死她也不会把儿子留在平阳，送回给郑家……

有爹的孩子却没有家

侯府举家搬迁的前一天，卫媪把6岁的卫青叫到面前，郑重地和他谈了一次话。

“青儿，你已经6岁了，已经长大了。”卫媪捧着儿子的小脸蛋儿，眼里含着泪，疼爱地说。

“娘，是的，儿子已经长大了，能保护娘了。娘，您别哭，谁欺负您了？我去揍他！”小卫青如小大人似的认真地回答，边说边舞起了小拳头，惹得卫媪含着眼泪笑了。

“儿啊，没有人欺负娘，娘是高兴的。你长大了，娘要跟你说一件事儿……”卫媪抹了一下眼角，擦去了眼泪，表情郑重地说。

于是，卫媪向儿子和盘托出了他的身世以及接下来的决定。看着母亲的郑重神情，小卫青知道问题严重了，不由得挺起腰，竖起了耳朵……

小卫青似懂非懂地听着，终于明白：他和哥哥姐姐们不一样，他不姓卫，他是有亲爹的，而且，他的亲爹姓郑，就住在同一座平阳城里。

当母亲慢慢吞吞，却很明确地告诉他，他将被留在平阳，去到父亲的身边时，小卫青有点儿不知所措了。

而当他意识到，这将意味着他要离开母亲和哥哥姐姐们，本来很少哭闹的小卫青，一下子崩溃了，号啕大哭起来。

小卫青的哭声，引来了正在打点行装的哥哥姐姐们，一听弟弟要留下，哥哥姐姐们一起求着母亲不要丢下小弟。

可卫媪心意已决，不会更改了。她只说了一句，“这是为阿青好，阿青需要自由身。晚些时候，你爹就会来接你了。”然后就转身进到里屋去了。

卫媪不能再听儿子的哭声和孩子们的哀求了。她怕再听下去，自己会改变主意，所以只能离开孩子们，独自到屋哭泣去了。空留姐弟五人，抱在一起哭得是昏天黑地。

当天傍晚，郑季来了。自从他走后，这是第一次再进平阳侯府。虽然时隔6年多，他还能清楚记得卫媪的住处。

当郑季进门时，小卫青早已经停止了哭泣。小卫青人虽小，但他明白了母亲之所以这样做的良苦用心。为了不让母亲和哥哥姐姐们跟着伤心，他懂事地早已收拾好东西，等待父亲的到来。

等待之时，小卫青反而温言劝慰着母亲和哥哥姐姐们。

卫青长这么大，才知道原来自己不是野孩子，也是有姓有爹的人，因此，小卫青对父亲是充满着期待和渴望的。

血缘真是很奇妙的东西。见到父亲郑季的第一眼，小卫青对父亲没有感情，但有亲情。当那个叫作父亲的人牵起他的小手时，他的小手上感觉到了父亲的力量和温暖，因此，他愉快地让父亲牵起了手。

小卫青离开母亲的那一刻，没有哭泣，也没有回头。因为他怕看到母亲的泪眼。让他在母亲和父亲中二选一，本身就是对他小小心灵的折磨，他不想费心地去想了，就让命运来安排吧！

有一点在小卫青心里是笃定的——母亲将要去长安，那里是皇帝待的地方，有一天，他也要去长安，去孝敬母亲……

就这样，小卫青怀着模糊不清的多种思绪，被父亲牵着手，来到了父亲的家中。此时的他，真是太小了，还意识不到，在新家中，他会遇到什么？以前在母亲身边，和哥哥姐姐及小伙伴在一起是多么快乐的时光，让他怎么也不会想到，同样是家，差别会是那么的大。

父亲的家位于平阳城城郊的一个村子里，是一个典型的农家院落。

“你个挨千刀的，在外面干了缺德事儿还不算，还要把小野种领回家来，今天有我没他，有他没我，你掂量着办……”刚一进大门，一个母夜叉一样的女人，叉着腰，站在院子里，指着他们破口大骂。

小卫青从来没有听过这样的话，但他明白，这个比母亲大一些的女人，是在骂父亲，缘由是因为他的到来。

小卫青拿眼睛望向父亲，希望在父亲眼中看到男人的力量，希望父亲去制止那个女人难听的骂声。男人不是天，不是大老爷吗？在侯府里，侯爷虽然只是一个半大孩子，但所有人见到侯爷，都是唯唯诺诺的。在小卫青的小心眼儿里，皇宫里的皇帝，也应该是如侯爷在侯府一样说一不二吧！父亲在自己的家里，也应该一样具有绝对的权威啊！

然而，小卫青看到父亲的表现后，让他有些失望。

从一进门，嚣张的是那个女人，而本该当老爷的父亲却是唯唯诺诺的，不敢有半句的顶撞。父亲的高大形象，在小卫青的心里开始慢慢坍塌。

父亲赔着笑脸，解释了好半天，小卫青才被允许进了一间偏房里。小卫青虽说只有6岁，但他从小长在侯府里，见识还是有的。这间房子，与其说是居室，不如说是柴房更准确一些。虽然他和母亲及哥哥姐姐们居住的小院子是侯府仆人们居住的，但和这里相比，不知道要好上多少倍。

可是，小卫青转念又一想：父亲的家，怎么能和侯府比呢！教他功夫的阿伯就告诉过他“儿不闲母丑，狗不嫌家贫”的道理。这样一想，小卫青的心里好受了一些。

父亲自从把他领到这间房中，就离开了，好半天都没见人影。此时，已经是掌灯时分，小卫青摸索着找到了油灯点燃，一灯如豆。借着昏暗的光亮，他找到了床铺的位置。再看那床，其实就是在一堆柴草上搭了一块木板，上面又铺了一床被褥而已。

坐在床上，小卫青就有点儿想母亲和哥哥姐姐们了。在家时，每当这个时候，姊妹几个早已挤在一起，叽叽喳喳地说笑打闹了。特别是三姐子夫，和他年龄相仿，姐弟俩更有着说不完的话。然而，此时，他却形单影只，拥被独寝。

一想到母亲和哥姐们，小卫青才想起母亲给他收拾的衣物和他的那些常玩儿的宝贝都打成包裹，被父亲拿着呢！现在不在身边，想必是父亲放在别处了。

为了找包裹，同时，小卫青也有些饿了。也难怪他会饿，一整天了，发生了太大的变故，母亲给他做了平时他最爱吃的饭菜，他也没吃几口。

于是，小卫青走出了屋门，来到了院子。他抬头望向天空，月明星稀，是一个晴朗的月圆之夜。

“杀、杀、杀……”

“杀什么杀，赶紧吃饭。”

“娘，这件衣服我穿着有点儿小啊！”

一阵对话声传来，小卫青收回望向天空的目光，循着声音走去。声音传来处灯火通明，小卫青很容易就走到了近前。

可是，当小卫青看清里面的一切时，顿时火冒三丈——

屋子里的陈设，并没有刚刚他想象的那么寒酸，虽然比不上侯爷屋里的华丽，但至少比他和母亲住的屋里要阔气得多。屋子里的一张桌子上摆满了上好的饭菜。围桌而坐的，除了父亲和那个嚣张的女人，还有三个比他高得多的半大小子。最令他气愤的是：其中一个半大小子，手里拿着的，赫然是教他功夫的阿伯送给他的木剑；另一个半大小子，正把母亲为他做的新衣努力地往身上套着；而母亲精心为他打包的包裹被扔在了一个角落，里面的物品散落了一地。

“那是我的剑，那是我的衣，快给我！”小卫青发出了一声带着哭腔的呐喊。

似乎，屋中的所有人都没想到，小卫青会在这个时候出现，一声呐喊反倒把他们惊住了。

“不给，不给，就不给！”首先是拿着木剑的半大小子反应了过来。接着是往身上套衣服的半大小子，把穿不进去的衣服扔到了地上，说：“破衣服，太小了，穿不了。”

“小野种，丧门星，喊什么喊，吓了老娘一跳。”小卫青不用看就知道这声音是谁发出来的。

本来最应该说话的父亲，那个在小卫青心中应该像山一样的父亲，却一直坐在那里一声不吭。

他们在吃饭，竟然连父亲都忘记了他的存在。他成了有爹的孩子，却没有了家。小卫青的心如同掉进了无底的深渊——

与山野羊群为伍的日子

6岁的卫青，不，从此时起，应该称呼他为——郑青。

郑青来到了父亲家里，进门第一天，就让他的心如坠入了无底的深渊。然而，这还不算完，磨难才刚刚开始。

那个进门就对郑青咆哮的女人，是郑季的妻子，也就是郑青的后母李氏。那三个半大小子，是郑青同父异母的兄弟。

后母对郑青敌视也就算了，然而，那几个兄弟，按照血统论的思想，他们与郑青应该是同胞的亲兄弟，应该是比卫家的哥哥姐姐们还要亲的亲人。可是，他们根本不把郑青当兄弟，而是把他当作了奴仆，呼来唤去，非打即骂。

郑青不是没有抗争、反击，可是，他毕竟只是才6岁的小孩子，而那几个兄弟，每一个人都比他高一头，他怎么能斗得过他们的联合欺负呢！

初时，父亲郑季还能暗中维护他，日子一长，也失去了耐心，觉得郑青是给他添麻烦的小累赘。

只可怜郑青，吃的是残羹剩饭，干的是粗重活计，挨饿被打骂成了他的家常便饭。小小年纪，他就品尝道了世间的人情冷暖，以及那种“叫天天不应，叫地地不灵”的感觉。

几个异母兄弟，每日都要到村口祠堂去读书，身为“小野种”的郑青，虽然也到了应该读书的年龄，却没有这个资格。看着拿着书简在他面前摇头晃脑、耀武扬威的兄弟们，郑青的心里是又羡慕，又委屈。可是，他能怎么样呢？

终于熬过了一个冬天，当春暖花开的时候，也许是习惯了后母与兄弟们的打骂和白眼，郑青冰冻着的心也慢慢地开始复苏。

然而，有一天，后母李氏又塞给了他一条竹鞭，说道："小野种，把圈里的羊，放到村外的山上去。不许偷懒，弄丢了羊，小心你的脑袋。"后母交给他鞭子前，还吓唬似的在他面前甩了一下。

郑青没有其他选择，去村外的山上放羊是他必须要做的。从此，7岁的郑青成了一名放羊娃儿。

汉朝时，人民的生产生活以农耕为主。即使是整个平阳城，除了平阳侯府这样可以享受食邑的大户人家，几乎所有人家的院落格局都差不多，几乎都有猪、羊、牛、马圈，有鸡、鸭、鹅棚。那些圈中养有猪、羊、牛、马，棚中圈有鸡、鹅、鸭的人家，算是不错的人家了。

父亲家的羊圈里本来是没有一只羊的，开春以后，后母变戏法似的变出了十多只羊来，让郑青上岗，成了放羊娃儿。

于是，郑青赶着羊上山了。

离开了后母兄弟的虐待，离开了村里那些孩子们的嘲笑，郑青将自己融于天地之间，所有的忧愁和烦恼都烟消云散了。

村外有一片开阔的山野和几座小山丘，郑青和羊儿便天天把这里当成了乐园。羊儿在山坡上吃草，郑青则歪在一旁晒太阳。温暖的阳光照在身上、脸上，有如母亲的手在抚摸着他的肌肤和脸颊，他仿佛又回到了和母亲在一起的时光……

"娘，哥哥姐姐们，你们在哪儿？长安离这儿有多远啊？"此时，郑青的思绪又回到了从前，他开始想娘了。也只有在这时，郑青的心里才又有了温度。

久而久之，郑青就很享受那种天当被、地当床的感觉了。

在山野中，除了他和羊儿，不见人影儿。闷了，郑青就和羊儿说话。羊儿"咩咩"的叫声和他心里呼唤母亲的声音产生了共鸣。

"小羊，小羊，你有娘吗？你也在呼唤你的娘亲吗？"郑青附在一只小羊的耳边柔声问道。羊儿"咩咩"叫着，并冲他摇头摆尾地回应着。渐渐地，郑青从羊儿那高低长短的叫声中，似乎听懂了羊语。于是，他与羊儿相处得更贴心了。

当羊儿们吃饱了，喝足了，就围在郑青的身边，一起躺在草地上晒太阳，从不乱跑乱动让郑青操心。每当这个时候，郑青就一边抚摸着一只只小羊羔，一边倾吐着心语……

此事不知怎么传到了村子里，好奇的孩子们常跑来偷听郑青与羊儿说话，回去自然又添油加醋地渲染一番，事情竟然越传越奇了。

郑青中邪了……

郑青通了兽语……

郑青失语了……

传言中有各种的版本，再加上后母对郑青的狠毒与虐待早就人所共知，因此，一时间，郑青简直成了茶余饭后人们话题的中心。村里人只是感叹：真是作孽啊！照这样下去，郑青这孩子怕是真要成哑巴了。

对郑青这件事最不屑的就是后母和兄弟等人。因为，自从郑青进了家门，他们就没有听到他说过几句话。后母闻听此事，歪着嘴角，不屑地笑道："到底是贱奴才生的，天生的下贱坯子！放着人言不讲，偏去说兽语，看来天生就该是个放羊的！"

日子一天天过着。平日里，在后母和兄弟们面前，能说一句绝不说两句，能说一个字也绝不吐两个字。即使是被打骂的时候，郑青也是默默地忍受着，不反抗也不辩解。

本来，郑青有话可以跟父亲说，可那个他所寄予人生全部希望和力量的父亲，太让他失望了。他没有感受到一点点儿父爱的温暖，形同路人，还不如邻居大婶，看他吃不饱穿不暖的，还时常关心着他，偷偷地塞给他点儿吃的。

人有悲欢离合，月有阴晴圆缺，天有风霜雨雪。

旷野牧羊的日子也不总是惬意的。遇到天气突变，风雪交加的时刻，郑青和羊儿就苦不堪言了。况且，还有豺狼虎豹的偶尔出没，也得小心谨慎才行。然而，不管郑青如何的小心防范，与虎狼的不期而遇仍然时有发生，幸运的是，因为他的殊死搏斗和逃得快，才不至于葬身虎狼之口，只是留下了道道疤痕。但是，这一道道疤痕并不都是虎狼抓咬的，其中有一部分是后母留下的鞭痕。就只因为郑青九死一生地逃出虎狼之口，小命虽然保住了，却丢了几只羊。

当他满身鲜血地回到家中，后母不仅没有关心和安慰，反而将鞭子雨点般落在他本已鲜血淋漓的身上。在后母的心中，郑青的命甚至都没有羊的命重要。

春去秋来，花开花落，郑青在郑家已熬过了三个春秋。此时的郑青已经9岁了。虽然常常在家饥一顿饱一顿的，但他渴了喝口山泉水，饿了挖些山野菜和摘些野果子吃，再加上有山野的清风吹拂，有温暖的阳光照耀，小郑青的身体倒是长高了不少，个子竟然长得比大他两岁的兄长还高。

见此，后母更加的歇斯底里，动不动就会诬陷郑青偷了家里的东西去换好吃的。如果郑青不承认，免不了又是一阵鞭打。

又是风和日丽的早春的一天，郑青赶着一群羊离开了家。是的，由于郑青的辛勤放养，家里的羊已经由十几只变成一群了。

因为放羊、马、牛等牲畜的人一天天多了起来，村子附近的草变得稀少了，而且在这早春二月，草更是刚刚返青。为了让羊吃得好，郑青趁着天气好，赶着羊群往更远处的大山里去吃草。他翻山越岭地走着，不知不觉地，大约已走出平阳地界了。

忽然，远处一阵人声喧哗。郑青很奇怪，心想：这个地方除了他和他的羊群，其他人影也不见一个，怎会一下子冒出这么多人来呢？

爬到高处一看，却见成群结队的人，扶老携幼，背包挑担，慌忙赶路的样子。

“出什么事了？你们这是要去哪儿？”郑青跑下山坡，拦住一位老伯，好奇地问。老伯没有理睬他，自顾自地继续疾走。

郑青见抱着孩子的一个妇人停下来歇息，借机问道：“大婶，到底出什么事了？”那妇人叹了一口气答道：“匈奴人杀过来了，占了我们的村子。”

“匈奴人？有那么可怕吗？难道比虎狼还凶？你们这是要去哪儿？”郑青一连串问了几个问题，因为，在他的见识里，只有虎狼才是令人胆寒和逃避的生物。

“匈奴人就是虎狼人啊！他们一来就烧房子、掠东西，杀男人、抢女人……我们要去京城长安，那里有皇上，会比较安全。”妇人话还没说完，她家里人冲她喊道："快走吧！翻过山就到渡口了，去晚就赶不上船了。"

望着人群远去的背影儿。郑青喃喃地叨咕着：匈奴人就是虎狼人，长安、长安……

郑青重新回到山坡，"匈奴人""长安"，两句话，一直回响在他的耳畔。同时，他还获得了一个重要信息：前面那座山的那边，有渡口、有船，可以到达长安……

人生的第一次长途跋涉

那一天，郑青第一次从逃难的人口中知道，世上还有一种比豺狼虎豹可怕的人——匈奴人，同时，也知道了山的那边有船可以去到长安。

长安，有他日思夜想的母亲和爱他的哥哥姐姐们。“长安，长安，我要去长安……”这个声音在郑青的胸中激荡着。

夕阳西下，郑青赶着羊群返回了家。

这天夜里，暴风雪不期而至。时节已过立春，天气本已渐渐转暖，突如其来的风雪，又让天气来了一个倒春寒。

下雪天，休息天。看到窗外下起了雪，郑青就没有如往常一样着急起床。他也想给自己放松一下，因为喂羊的干草料，他早就在去年冬天时准备足足的了。

“小野种，死哪儿去了？我的玉簪不见了，肯定是你这个小野种偷出去换东西吃了。”后母李氏那尖锐的嗓子又在喊叫了。

几年来，有多少次了，每当她什么东西不见了，总是以肯定的语气，不容置疑地算在郑青的头上。这次也一样。

郑青闻声赶紧跑到了院子里，后母李氏不由分说，上来就给他一巴掌。“小贱人，把我的玉簪弄哪儿去了？”李氏打完了还不算，又继续质问道。

如果是在以前，郑青遇到这种情况都会默默地忍受着打骂和质疑，因为他说什么都没用，后母已经认定是他干的了。

然而这一回，郑青多年积聚的怨愤终于爆发了——“我没拿！没拿！没拿！我从来都没有拿过家里的任何东西——”郑青的小宇宙爆发时，把后母李氏吓了一跳，不由得后退两步。

两人僵持不下之际，郑季走了出来，说：“大清早的，吵什么吵，玉簪在枕头边呢！”

几年来，这是郑季第一次站出来说话，而且还是在找到了丢的东西和儿子发火的情况下才站出来的。以往，李氏对儿子的打骂，他一直是充耳不闻的。

郑青看着父亲，心里失望到极点了。而接下来李氏的话和父亲的态度，让郑青下决心必须离开这个家了。

自知理亏的李氏说：“下雪天不能放羊，也不能在家吃闲饭，赶紧上山割些草回来垫猪圈，别把那些小猪冻坏喽……”李氏还在叨咕着什么，郑青已经听不清了。他只是用眼睛哀求地望着父亲，满心希望他能为自己说句话，然而，那个被他称为“爹”的人，只是看了看他们，又一声不吭地回屋去了。

郑青绝望地闭上了眼睛。

郑青先是回转到他的柴屋似的居室。在这个家里，只有在这间他住了三年多的屋舍里，他才能有一丝丝属于他的自由。现在决心要走了，这个家里唯一让他留恋的，除了羊群也就是这里了。羊，他肯定是带不走的，可这间屋子里，他又有什么东西可以带呢？母亲留给他的衣裳都已经小了。近两年，他的衣裳，都是后母把兄弟们穿小穿破的塞给了他。

郑青想要简单地打点行装，但他悲哀地意识到：他没有行装可以打点。

他只是将能穿的衣服都套在身上，以抵御料峭的春风。然后来到厨房，胡乱地吃着留给他的残羹剩饭。这几年来，他就是这样吃着厨房里的残羹剩饭过来的。那间属于主人的正屋餐桌上，没有他的位置。说白了，他只是下人，甚至连下人都不如。

郑青想：唉——不想了，想起来都是泪。这个家，这个“郑”姓都不属于我，走吧！走吧！我郑青，不，应该回归叫“阿青”了。我阿青即使找不到娘，在外面冻死、饿死，也强过在这里活受罪了。

阿青破天荒地在厨房中翻找出了一些干粮和肉脯，装进他放羊所用的背篼里。别小看这个背篼，这可是他的“百宝囊”，里面装的是他在野外放羊生存的必备物件，也是他的全部家当。

阿青将背篼埋进猪草筐里，然后背着筐来到了羊圈。他边给羊儿添些草料，边与他的羊儿告别。

“小羊，小羊，你们要好好的……”阿青在心里说。

“咩咩……，咩咩……，咩咩……”羊儿们也似乎意识到了离别，一起叫了起来，声音中充满了不舍和悲戚。

牲畜有时候比人更懂感情——这是阿青用切肤之痛得出的结论。

阿青之所以背着猪草筐，是做给后母看的，因为他今天得到的指令是割猪草，而不是放羊。

其实，阿青是多虑了。也许是刚刚自知理亏，后母李氏并没有监督他。也或许是因为风雪天，此时，那个“家”里的所有人都猫在只属于他们的屋子里，享受着只属于他们的温暖，没人理会阿青的离开……

阿青顶风冒雪地离开了那个他曾经当作“家”的地方，从此再没有回头。

出了村口，阿青扔掉猪草筐，但将割草的镰刀和他的“百宝囊”背在了身上，然后沿着每天放羊所走的羊肠小路，翻山越岭地向有渡口的地方走去。

雪停了，太阳出来了。阿青的心情也晴朗了。他如一只放飞的小鸟，在天空里自由地飞翔。

早已经超出了每天放羊的地界，可是那座挡在渡口前面的大山，阿青还没有翻过去。太阳已经快要落山了，放羊的经验告诉他：天，马上就会黑了，不能再往前走了，否则狼群出没会有危险。

可是，这前不搭村，后不搭店的，去哪里栖身呢？唉——，阿青叹息了一声，即便是有店，他哪里有钱哟！

也许是天无绝人之路。眼尖的阿青，借着太阳的余光，看到前方不远处的山脚下，有一个半是山洞半是窝棚的所在。于是，他快跑几步，进入了窝棚中。里面有灰烬的痕迹，想来是前面行走之人借宿过了。

阿青熟练地捡拾了足够的枯枝柴草，点起了一堆篝火。烤着火，再打开“百宝囊”，吃了点儿干粮，喝点儿水，他的周身就温暖了。

天完全地黑了。窝棚外面，阴风阵阵，有野狼在旷野中嗷嗷地号叫着。阿青经验丰富地将篝火堆堵在了窝棚口。透过噼噼啪啪燃烧的火焰，他看到了围在外面黑暗里冒着绿光的狼眼……

听着狼的号叫，与狼面对面地对峙着……阿青没有感到害怕，反而感觉很舒服。他想：那个女人的尖叫打骂，那个他曾经叫“爹”的人的眼神，难道比狼的叫声和眼神强吗？那个他住的柴房，难道比这个窝棚更温暖吗？

地平线刚透出一丝光亮，野狼也隐遁了身形，阿青又踏上了新的路程。这注定了是一次艰难和未知的长途跋涉。

就这样，阿青走走停停，也不知过了多少天，他终于走出了大山。

面前，一条奔涌的大河拦住了他的去路。河边水面上停靠了许多晃动着的、如房子一样的庞然大物，阿青平生第一次看到，他想：这里应该就是渡口，那些就应该是渡船了。

阿青正在河边徘徊着，就听到有一只渡船上的人在喊：“开船了，马上开船了，去长安的快点儿上船。”啊！那就是去长安的船。可怎么上船呢？

就在这时，阿青看到一个背着好几个大包的老伯，磕磕绊绊地向那大船奔走。老伯越急，越有包裹不停地往下掉，急得老伯满头大汗。阿青灵机一动，奔到老伯的身前，说：“老伯，我帮你。”然后，麻利地抱起老伯掉落的包，向渡船入口走去。

有人帮忙，老伯自然满心欢喜。到了渡船入口处，老伯掏出银子付船费时，船家以为阿青是老伯带的孩子，什么也没问，就让他们一起上了船。刚刚站稳脚跟，渡船就起锚开船了。

渡船沿着河道一路顺流而下。

阿青是属于山野草地的，那里曾是他能够驾驭的乐园。而今坐在了晃晃悠悠的渡船上，他感觉五脏六腑都快要被晃零碎了。他想吐，但吐无可吐。因为他带出来的干粮早已吃完，他已有好几天没吃东西了，只是饮山泉水维持着呢。

慢慢地，阿青就习惯了船的摇晃。那位老伯见他停止了呕吐，只是在喝水，就把随身带的饼子递给了他一块。他也没客气，接过来就狼吞虎咽地吃起来。

一块饼子下肚，阿青的眼睛仍然情不自禁地往老伯的包中看去。

“没吃饱吧？”老伯也是好心人，看阿青可怜巴巴的样子，就又给他一块饼子。阿青接过来，连声说着谢谢。

阿青本来想继续吃掉这块饼子，可是想一想，并没有吃，而是将饼子放进了他的“百宝囊”中。

这会儿，船舱里的人们都有些困顿了。吃了一些东西的阿青舒服了很多。晃悠的船，围挤在一起的人群，让阿青连日来提着的心也放下了一些。阿青也实在是太困了，迷迷糊糊地睡着了，且睡得很沉，很沉……

不知睡了多长时间，当他醒来时，船仍在漂流，可围在身边的人，特别是那位老伯已不在身边，想必不知何时已经下了船。

“长安还有多远？”阿青向身边的一个陌生人求问。

“长安，那可远着哪，下了船，还要走好远。”回答的人，只当这个小孩子是在急着下船玩耍，因此，淡淡地回答道。

船停了，阿青随人流弃舟登岸。虽然这里还不是长安，但阿青确信：他已离长安不远，离娘亲不远了……

回到母亲温暖的怀抱

一江春水继续向东流，下了船的阿青，又开始了新的跋涉。

这时，村屯的间距小了，人口稠密了，道路宽阔了，天气也渐渐褪去了寒气，到处一派生机盎然的热闹景象。

问明了长安的方向，阿青就一路向前行进。此间，放羊时的野外生存锻炼，又派上了大用场，使他有了在无边的旷野识路的能力。

白天，阿青或步行，或搭乘过往的车辆前行。晚间，他尽量赶到村屯，找到好心的人家，求吃一块饼子，或喝一碗粥，并求在主人的柴房中借住一晚。他也不白吃白住，机灵的他总能找到一些诸如劈柴、烧火、喂牲口之类的活计，以此来回报施舍的好心人。

一天，阿青实在是走不动了，就坐在官道边的一块大石头上休息。这时，从后面上来了一个马车队，行进间，马脖子上挂着的铃铛“叮叮当当”作响。见马车队的行进方向与自己是一个方向，阿青立即来了精神头，当车队过去之后，他悄悄地跃上最后一辆车，搭坐在车沿上。

赶车的车夫一回头看见了阿青，立即停了车，走到车尾。车夫大约四十多岁的年纪，布衣葛巾，膀阔腰圆，古铜色的脸上有一双浓眉透着威严，面容倒还和蔼可亲的样子。

“你这孩子，这是要去哪儿？怎么跑到我车上来了，坐在车后座很危险的。”见车后是一个衣衫褴褛的男孩子，车夫朗声问道。

“大伯，求你让我搭一下车吧！我实在是走不动了。我要去长安平阳侯府去找我娘。”阿青向车夫央求着，并说出了自己的目的地。

娘在长安，在平阳侯府，这是他离开娘三年多来，一直牢牢记住的事情。此前，他从来没有对任何人提起过。今天也不知道为什么？见到这位大伯，他倍感亲切。

“你娘在平阳侯府，你娘是谁啊？”车夫立即感兴趣地问。

“我娘姓卫，大家都叫她卫媪。”阿青答。

哈哈——“那你是不是叫阿青？你不是在平阳吗？怎么一个人跑这里来了？家里人知道吗？”车夫大笑着一连串地问道。

这倒让阿青很吃惊。阿青心想：娘的名气这么大吗？一提起娘的称呼，怎么连我的底细都知道呢？

车夫看出了阿青的疑问，只说：“孩子，上车吧！我带你去找你娘。”

真是无巧不成书。这位车夫不是别人，正是母亲卫媪现在的男人，他也在长安的平阳侯府做事，两人相识并暗生情愫，如今已生育了两个儿子。当然，这是阿青以后才慢慢知道的。

车行在路上，阿青向车夫打开了语言的闸门，似乎要把这几年的话都一起说了。换句话说，这个他刚刚认识的车夫，比他那相处了几年的亲爹还让他感到亲切。等到马车停在了长安平阳侯府时，两人已情同父子，而车夫也确实把阿青认做了义子。

总之，阿青与义父的巧遇，让他顺利地到了长安，来到了平阳侯府，见到日思夜想的亲娘。

母子重逢，自是一番悲喜交加。卫媪万万没想到，分别几年的儿子竟会突然出现在面前。更让卫媪没想到的是，那个她曾经付出了真情的男人，竟然对自己的亲生儿子这么无情。卫媪搂着儿子不停地抽泣：“原指望儿跟他去能脱得奴籍，将来做个自由人，谁想到他竟然全不念骨肉之情，让儿吃了这么多苦。早知如此，怎么着娘也不会把儿丢给他的。”

“娘，别哭了，青弟能回来是喜事嘛！”说话的是个十三四岁的美少女。

卫媪这才缓过神来，说：“是啊！应该高兴。看看，你们兄弟姐妹还认识吗？”

虽然时光过去了三年多，大家都长大、长高了，但从小在一起的那种姐弟亲情，让他们马上认出了彼此。

“大哥，大姐，二姐，三姐”阿青与哥哥姐姐们一一相认、拥抱，说不尽的离愁别绪。

还有两个小不点儿，阿步和阿广两个小弟弟。在路上时，大伯已经简单和阿青提到了这两个小弟弟。如今一见，十分喜欢。他搂着两个小弟弟，高兴地说："娘，我也当哥哥了，太好了。"

看着兄弟姐妹七人高高兴兴在一起的欢乐场面，想着在郑家的悲惨遭遇，阿青怎么也想不明白，同样是兄弟，缘何郑家人不把自己当兄弟呢？

"长君，先带你二弟去沐浴更衣，一会儿去拜见公主。"卫媪吩咐着大儿子。

"还要去拜见公主吗？"阿青有些胆怯和紧张。在平阳时，他见过县令出巡，鸣锣开道的，都好大的气派呢，公主，那得是什么样呢？

卫媪笑着说："公主是自然要见的。如今的侯府是公主在当家，你现在已不在侯府的名册之内，入名册必须要公主点头的。"

听母亲这么一说，阿青更紧张了，问道："公主会不会很凶啊？会不会把我赶出去？"阿青是被后母吓怕了，一听说女人做主当家，耳边就响起后母"小野种""小贱人"的尖锐叫骂声。阿青下意识地捂住了耳朵，似乎要把那声音堵住。

卫媪见儿子的状况，心疼地再一次紧紧地搂抱住儿子，安抚地说："不怕，不怕，一切都过去了。公主对下人很和善的，不用怕。"

"对了，"当阿青去沐浴时，卫媪突然想起一些事来，便移步去找侯府的大管家了。所谓大管家，是侯府中人的称呼，其官称为"家丞"，是有俸禄的。

"管家大人，老奴有一事相求。"见到大管家，卫媪深施一礼说道。大管家见卫媪如此尊重他，也十分高兴，爽快地说着有事尽管说之类的话。

卫媪就把儿子阿青去而复回的事儿，简单地汇报了一下，并请求大管家，一来在公主那儿说些好话，二来在侯府给儿子找个差事做。

大管家也表示，他这方面没问题，只要公主同意就行。最后，大管家提醒到：公主哪里估计问题不大，只是，如果入册，应该有个大名了。

卫媪刚才也想到了这一层。在来找大管家的路上，她已经想好了。既然转了一圈儿，儿子又回来了，说明儿子和郑姓无缘，那就也跟着她，姓卫吧！

因此，当大管家一说，卫媪马上做主说："我儿子有大名，大名就叫——卫青。"

从此，郑青在所有人的头脑中消失了，小阿青也长大了，有了大名——卫青。

沐浴后的卫青，不仅名字换了，而且整个人也真如脱胎换骨一般，俨然就是一个玉树临风的俊美少年了。

美少年卫青跟着母亲卫媪一走进平阳公主的房间，就有一股幽幽的香气钻进了他的鼻孔。这香气，既有天然花草的芬芳，又有自然人体的纯净。他下意识地深吸一口，立时全身有说不出来的舒畅。

"见过公主！"按照母亲的吩咐，卫青一边规规矩矩地给公主磕了三个头，一边怯生生地请了安，却一直不敢抬头。

母亲和平阳公主说着他的事儿时，卫青只是低着头默默地听着。突然，他听到平阳公主慢悠悠地说道："这孩子几岁了，抬起头我看看。"

卫青依言抬起了头。当平阳公主与卫青四目相对时，不知为什么，第一次见面的彼此，却都有一种似曾相识的感觉。

此时，平阳公主与卫青，一个15岁，一个9岁；一个是金枝玉叶的公主，一个是下里巴人的奴仆。

此时，谁都不会想到，地位如此悬殊的两个人，生不能同时，死却能同穴。当然，这是后话了。

在当时，平阳公主发话了："留下吧！看看有什么他能做的。"于是，卫青便留在长安平阳侯府，做了一名小马奴。

回到母亲温暖的怀抱中，一切都不一样了，当新的一天来临时，卫青愉快地上工了。

甘泉宫中的预言

卫青历经一番周折，又重回平阳侯府，寄身于侯府马厩，成了一个小马奴。

西汉时期，在王公贵胄中盛行尚武之风，喜游猎，善骑射，而且出行工具也主要是骑马和马车，因此，王侯将相之家一定是要设有马厩的。

虽然温文尔雅的平阳侯曹寿不尚武，而是喜欢黄老学说，愿意研究长生药石之术，但是，如今他已经是驸马爷了。从平阳侯府已多被人们称为平阳公主府，就可以看出端倪——这里要以公主府的规格行事。

按汉律，公主府设置的家吏、家丞等官吏，都是领有俸禄的官差。说白了，都是公家人。在前文中，卫媪为了儿子求助的“大管家”，其实就公主府的家丞。当然，公主府的其他各处，如厨房、马厩、门房、浆洗房人等，都由侯府中的家奴充任。每处设管事一名，下设人数几个、十几、二十几不等，其开支用度、人员设置等都由侯府自己负责。

当卫青来到长安的平阳侯府，也就是平阳公主府的时候，母亲卫媪担任浆洗房的管事；曾经是江湖游侠，身怀绝世武功的义父，当然是门房守卫的管事；而马厩的管事，是一位识文断字、腹有诗书的原官宦人家出身的中年男人。

义父与卫青一见如故。义父视卫青如己出，而卫青也从义父身上找到了他一直渴望的父爱和男人的力量。义父威武，义子机灵，这样，义父就把他全部武学绝技，毫无保留地向义子卫青传授。因此，两人情同父子，又似师徒。

义父之所以对卫青如此，倒不全是为了讨好义子的母亲卫媪。当然，爱屋及乌的因素也是有的。

卫青慢慢了解到：其实，义父与母亲卫媪的私情，在平阳公主府已不是秘密，两个小弟弟的出生就是明证，即使想瞒也瞒不住。

义父本为游侠，只因年纪渐长，厌倦了流浪，才寄身在平阳公主府。半生闲散惯了，说不定哪天说走就走了，而母亲卫媪不是自由之身，不能离开平阳公主府。因此，两个人就一直未论及婚姻。

汉时的民风淳朴，对男女之事，也没有太多的禁忌。特别是平阳侯府中，几代侯爷都喜好黄老学说，崇尚自然无为，家风也宽松。

因此，大人你侬我侬，孩子们也感情甚笃，全家人其乐融融。生活在此间，卫青自是心满意足，别无所求了。

卫青在与义父习武的同时，还拜了一位识文的师傅。这位师傅是马厩的管事。当年，这位管事的家族获罪，还是卫青的义父出手相救，他才有机会来到平阳侯府。因此，对卫青这个小马奴不仅照顾有加，更是教习诗书礼仪。

这样，卫青一边在马厩中照料着那几匹刚出世的小马驹，一边习文练武，日子过得充实而快乐，知识与技艺和身体也一起猛长……

如果身处艰难困苦之中，就会感觉度日如年，而幸福美满之时，就会感觉日子过得飞快。卫青自从春天的时候来到长安，不知不觉地已是盛夏时节。

一天清早，卫青见天气晴朗，就想牵着他负责的小马驹到外面遛遛。这时，义父来找他，说："想不想去皇宫见见世面？我要去甘泉宫替公主送贡品。"

卫青一听"甘泉宫"三个字，就来了精神，那是他早就向往的地方了。有这么好的机会，他怎么能不去呢？

整个西汉时期，共建造了三处皇宫——甘泉宫、未央宫、建章宫。

甘泉宫位于长安城西北，在咸阳境内的甘泉山南麓，是汉朝皇帝的行宫，因山而得名。

甘泉山是一座历史悠久的名山。相传，这是上古时期人类的始祖——黄帝成仙升天的地方。秦始皇为了防御匈奴，在甘泉山筑起了林光宫，又从甘泉至九原修直道，以利军备。汉朝建立以后，在秦宫的旧地建起了甘泉宫。

甘泉宫依山而建，山高气爽，风景如画，是极佳的避暑胜地，性质相当于清朝时的承德避暑山庄。

此时，正值酷暑，当朝天子汉景帝及王皇后，正在此地避暑。当然，卫青和义父此次前来，就是为平阳公主的父皇母后来送贡品的。而此时，平阳公主的胞弟、以后的汉武帝刘彻乃是当朝太子。

等到了汉武帝时期，甘泉宫不仅是皇帝的避暑胜地，更因地势险要，又处于匈奴从河套地区侵犯长安的必经之路上，可以说，它也处于战争的前线，皇帝住在这里，的确也起到了一定的督战作用。因此，甘泉宫是汉武帝时期，仅次于长安未央宫的重要政治活动场所。

未央宫于汉高祖七年（公元前200年）在秦章台基础上修建的。从高祖一直到武帝的历代皇帝都居住在未央宫，也算是除了朝会之外的办公地点之一。

到了汉武帝中期太初元年（公元前104年），为显示大汉的国威和富足，建造了一座新的宫苑——建章宫，号称“度比未央”。当然，建章宫的修建与汉武帝的求仙心理也有关，比如他在其中修建三山象征东海仙山。到汉武帝中年时，建章宫修好后，汉武帝时常会住到建章宫了。

9岁的卫青随义父第一次走进了甘泉宫。卫青走进甘泉宫，如同走入仙境一般。他东瞧瞧西看看，眼睛都不够用了。

“咦——前边那处高台怎么是黑色的？”卫青手指着前方的一处高台，好奇地问义父。那个高台，与周围的华丽实在是极不相称。

“那个高台啊！是匈奴人干的好事！”义父沉声说，“那里原来是个凉亭，有一年，匈奴人杀进了甘泉宫，把那个凉亭烧成了现在这个样子。”

这是卫青第二次听到关于匈奴人杀人放火的事了。他想：匈奴人太可恨了，太不讲理了。他暗自握了握小拳头，感觉有一股气沉在了丹田。

这时，卫青他们来到了一排三间相连的库房前。一群穿着同样号衣的人正在监工的吆喝下往库房里抬着重物。

“义父，他们是什么人？”卫青又问。

“他们是钳徒，也就是犯了罪的人。”义父似乎什么都知道，什么问题也难不倒他，“而且他们都不是一般的钳徒，此前，他们都是比我们要高贵的人，说白了，都是当官的人。”

卫青这就不明白了。在他的心中，高官和阶下囚的反差可是太大了。看着那些挥汗如雨的钳徒，不知为何，一缕莫名的惆怅竟涌上了心头。

就在这时，一位步履蹒跚的老年钳徒，一不小心被脚下凸起物给绊倒了。老钳徒试图站起来，可半天都没爬起来，一看就是摔得不轻。卫青赶紧快跑过去扶老钳徒。还没等老钳徒站起来，监工就赶到了，不由分说，举起鞭子向老钳徒抽打，边打还边骂着难听的话。

监工的鞭子，一下子让卫青想起了后母的鞭子。对老人和孩子，他们的鞭子怎么下得去手呢？真是太可恨了。“住手！”卫青情不自禁地大喊一声，冲上去猛地夺下了监工的鞭子。

那监工冷不防被夺了鞭子，仔细一看还是一个奴才打扮的毛孩子，当然恼羞成怒了，还是义父立刻报了平阳公主的名号，才使监工作罢。

待监工走远，卫青关心地对老钳徒说：“老伯，怎么样了？”

“不打紧，不打紧，谢谢啊！谢谢啊！”老钳徒连声道谢，他一抬头，与卫青那双炯炯的虎目相对时，不由得后退了一步。卫青又赶忙上前将他扶住。这回老钳徒没有道谢，只是眯起眼睛，上下盯着卫青看了半晌，把卫青看得都有些发毛了。

正当卫青不知所措时，只见老钳徒对着他深深一拜：“原来贵人到此！”

卫青一惊：“老伯认错人了吧，我只不过是平阳侯府的一个小马奴而已，哪里是什么贵人啊！”

老钳徒继续盯着他的相貌说：“确实是贵人的面相。虎目鹰鼻，棱角分明，乃将帅之相，国之栋梁，将来必定拜将封侯，富贵天下。”

卫青笑道：“我身为人奴之子，只求免遭笞骂，已是万幸，哪里谈得上立功封侯呢？”

卫青的义父一听，来了兴趣，上前拉住老钳徒追问道：“此话当真？”

“老朽虽身陷囹圄，但先前也读过几本书，略通相术，这位小贵人之相，确实贵不可言啊！”老钳徒点头道。

最后，老钳徒又对卫青说了几句耐人寻味的话：月盈则亏，水满则溢，物壮则老，一切冥冥之中自有定数。有时候，人的命啊，自己是左右不了的。人啊，就如大海里的浪潮，潮起潮落，何时是终结呢？浪头来时，想躲也躲不开，浪头去时，想拉也拉不回，万般不如人，一切顺其自然吧！

老钳徒蹒跚着走远了，卫青还立在原地发呆。此时的卫青，还不能完全理解老钳徒话中的含义，但他却把这几句话牢牢地记在了心里。

未来会发生什么？此时的卫青不知道，真的如老钳徒所预言的那样吗？

平阳公主的骑从

太平盛世，日子飞快地流逝，转眼卫青来平阳侯府四年多了。此时的卫青已是14岁的翩翩少年。

在这四年间，对卫青来说，不论是文韬武略，还是社会见识，都有了突飞猛进的变化。

作为马奴，卫青此时的驭马之术，可以说是达到了炉火纯青的地步。仿佛他天生就是马儿的克星和朋友，什么样的烈马到了他手里都会服服帖帖的。儿时，他在放羊时是因为寂寞而听懂了羊语，而现在 ，马儿的情绪，他也是掌握得八九不离十了。

当然，不只是卫青，每个人都在发生着变化。

平阳公主的变化就是在上个月，刚刚做了母亲。婚后好几年才得一子，夫妻两人自然是十分高兴，给儿子取名为曹襄。

这一天，平阳公主坐完了月子，正值一个秋高气爽的好天气，她便在侍女的搀扶下出了房门，到花园散散心，透透气。正是菊花开放的季节，满园的菊花，香飘四溢。平阳公主深吸一口气，感觉是说不出的轻松惬意。

一路向前走去，不知不觉来到了前院，忽听前面一阵人声嘈杂。平阳公主好奇心大增，不顾侍女的阻拦，执意走进了前院中。

马厩旁，一大群人正在围着一红一白两匹高头大马在品头论足。只听管事介绍说："这两匹马是来自草原的良种马，是宫里特意为祝贺小公子满月的贺礼。雪白的唤作'追风'，赤红的唤作'逐日'。马是好马，不过呢，性子有点儿烈，你们谁能驯服这两匹烈马，有赏！"

"这活儿非卫青莫属了！"管事介绍完，大家一致推举出了人选。

卫青也不推辞，从容淡定地进入马厩，来到两匹马的中间，一只手扶着一匹马，梳理着它们的鬃毛。然后，在这匹的耳边低语几句，又在那匹耳边低语几句。也奇怪了，就这样三言两语的，那两匹马竟然像听懂了似的，“咴咴”地回应着。

“卫青，你在念什么咒语啊？它们怎么那么听你的话呢？”人们纷纷问道。卫青笑而不答。“骑上试试，看它们还听不听你的。”有人撺掇着。

卫青也听话，依言把赤红的逐日牵出马厩。因为卫青知道：能让马听话，只能说明你是一个好的饲养者，只有马儿任你驾驭，才可以称为好的御马师。

只见卫青将逐日从马厩牵到院子中的跑马场。首先在逐日耳边说了几句话，然后再理理马的鬃毛，最后，左手牵着马缰绳，右手扶着马鞍，左脚踩着马蹬，轻盈地飞身跨上马背。整个过程，熟练而流畅，一气呵成，可能连这匹叫逐日的马儿都没搞明白，怎么会有这么优秀的骑士，所以，它也十分顺从地让卫青骑乘。

卫青两脚稍一夹紧，逐日就心领神会地驮着卫青，围绕着跑马场轻盈地慢跑。

突然，人群中不知是谁搞了一个恶作剧，将一块小石头打在了逐日的屁股上。逐日受到袭击，一下子受惊了，引颈长啸一声，突然向前飞奔，差点儿把马背上的卫青掀翻在地，然后离开跑马场，直奔院门而去。恰好在这时，平阳公主和侍女刚刚跨进院门……

这一突发的状况，令所有人都惊呆了。众人都没想到，平阳公主会在这个时候出现在养马的院子里。

说时迟，那时快。千钧一发之际，机智灵活的卫青，马上反应过来，只见他两脚紧紧蹬住马镫，一手紧紧地带住马缰绳，腾出一只手安抚地拍着马头，并将整个上身与马背平行，使得自己能与马进行亲密耳语……

“咴咴——咴咴——”逐日停止了狂奔，驮着卫青平静地回到了马厩里。

“这驯马的少年是谁啊？”平阳公主虽然惊魂未定，但刚才那场驯马实在太刺激了，她还从来没有见过这么驯马的。

侍女回道：“他就是卫媪的儿子阿青啊，对了，现在大名叫卫青了。”

“阿青、卫青……”平阳公主在记忆中搜索着，终于，她想起来了，

“原来他就是几年前从平阳老家跑回来的小男孩子啊！”

“贱奴见过公主，让公主受惊了。”拴好马的卫青赶紧来到公主面前，恭恭敬敬地行礼。

平阳公主没有责怪，只是说：“阿青！长这么高了。好身手啊！正好骑从少了一个，你来顶这个缺吧！”

没等卫青回话，平阳公主又接着说：“明日就过来吧！”声音虽轻柔，却自有一股威仪。

卫青要当公主的骑从这件事，一下子在平阳侯府传开了。当然，母亲、义父和兄弟姐姐们最替他高兴。

公主的骑从大多是由身强体壮、武艺高强的壮年男子担任。因为骑从既要负责为公主驾车，也要充当公主的贴身侍卫，负责公主外出时的安全。卫青算是年龄最小的骑奴了。

公主的骑从也是侯府中既风光又实惠的差事。因为，不仅能经常与公主出去见世面，遇到公主开心时，还能得到不少赏赐。卫青对这些倒很淡然。然而，最令卫青高兴的是，他可以有资格佩带宝剑了。

按古礼：天子二十带剑，诸侯三十带剑，大夫四十带剑，庶人有事带剑，无事不得带剑。虽然到了秦汉时期，规矩没那么严格了，但是，如此时的卫青这样的身份，仍是没有资格佩剑的。

儿时，卫青就特别喜欢玩儿剑。一位阿伯曾给卫青削了一把小木剑，到了郑家就让后母的儿子给霸占并不知给丢哪儿去了。如今，儿时的梦想终于实现了，而且还是超出他预期的青铜宝剑，怎么不令卫青欣喜若狂呢！

当然，公主的骑从不止卫青一个，护送公主外出的任务，时而是多人一起来完成，时而是互相轮换进行的。两个月之后，卫青因为精通马的性情，又有一手精湛的御马之术，所以，平阳公主又将卫青提升为御者，一个人专职为公主驾车。

御者比一般的骑从更有地位，也离公主更近。一个一声不响的小马奴，竟然连交好运，怎么能不令人羡慕呢！

因为平阳公主的赏识，卫青在御者之位上干得非常顺畅。接连几日，平阳公主天天进宫，因此，卫青也就忙了起来。每次从宫中回来，公主的脸色都十分悲切。卫青看在眼里，替公主担着心，却不敢问原因。

终于有一日，卫青知道了公主悲切的原因。

“当！当！……”未央宫崇明殿前的那口景阳钟敲响了，钟声回荡在长安城上空。和着清冽的寒风，卫青听到了一声凄厉哀婉——皇帝驾崩了！

公元前141年的农历正月，西汉的第六位皇帝，汉景帝刘启驾崩，谥号孝景皇帝，葬于阳陵。

国不可一日无君。与此同时，西汉的第七位皇帝——汉武帝就要登场了。

建章营受训

公元前141年，汉景帝刘启大丧之后，景帝的儿子，16岁的太子刘彻继皇帝位，是为汉武帝，年号建元。

说到年号，在此简单介绍一下。

汉武帝刘彻是西汉第七位皇帝，也是中国历史上第一个使用年号的皇帝。

公元前113年，汉武帝以当年为元鼎四年，并追改以前为建元、元光、元朔、元狩，每一年号为六年。因此，汉武帝登基时，是没有年号的，年号建元，是汉武帝继位28年后追改的。

汉武帝在位期间，曾用年号有：建元、元光、元朔、元狩、元鼎、元封、太初、天汉、太始、征和、后元。

前文中提到，汉武帝建元二年（公元前139年），春三月，上巳日，汉武帝驾临了平阳侯府，临幸了卫子夫。平阳公主便借机把卫子夫奉送给皇帝，于是，平阳侯府的讴者卫子夫，就被皇帝带回了未央宫。

其实，当时被皇帝相中和被平阳公主举荐的，并非卫子夫一人，还有一位也是卫氏子弟——卫子夫的弟弟卫青。

可以说，平阳公主不仅是卫氏姐弟的贵人，简直就是他们的伯乐。

那一日，青年汉武帝，因即位第一把火被窦太皇太后给搅了局而闷闷不乐，因此，便借祭祖之机，到了胞姐平阳公主的府上。

此时，汉武帝刘彻收起了帝王的霸气，如邻家小弟似的，斜倚在平阳侯府正堂内正中的坐榻上，不时地，还惬意地舒展着身子，与胞姐平阳公主边喝酒，边聊着家长里短。平阳公主亲自为他斟酒，道："陛下最近在忙什么呢？"

武帝幽幽地出了口气，叹息道："朕还能忙些什么？混日子罢了！老太太说什么，朕就做什么，朕都快成行尸走肉了。”

平阳公主劝道：“皇上不必如此悲观。来日方长嘛！此时万不可与老太太正面抵触，但陛下可以挑一些老太太管不着的事情去做啊！”

当然，皇帝与公主口中的老太太，正是汉文帝的窦皇后。武帝登基后，尊其为太皇太后。窦太皇太后就是武帝和平阳公主的祖母。

“老太太管不着的事情？”武帝听平阳公主这么一说，一下子坐起来，“皇姐倒是和朕想到一块儿去了。最近朕正准备招纳一些精通骑射的世家子弟组编建章营呢。”

“组编建章营？皇上还是念念不忘打匈奴啊！”平阳公主懂得武帝的心思。

“是的，打败匈奴是朕最大的梦想。”一说到匈奴，武帝立即恢复了大汉皇帝的威仪，激动地一挥袍袖，站起身来。“想我皇皇大汉，朗朗乾坤，地灵人杰，国富民丰，却屡屡用和亲进贡来换取和平。每每想到这些，朕就觉得是莫大的耻辱啊！朕一定要击破匈奴，以报当年高祖皇帝被匈奴围困白登山之仇。”

“皇上组编建章营，姐虽然是女流之辈，但也要大力支持，会积极物色人选，向皇上推荐人才的。”平阳公主说。

接下来，平阳公主先向武帝推荐后宫人选，武帝对歌女卫子夫一见钟情。当武帝重新回到席间时，平阳公主又投其所好地问：“皇上，下面换一下口味，观看一场舞剑表演可好？”

“正和朕意。早就听说皇姐府上藏龙卧虎，难道所言非虚？”武帝闻听平阳公主之言，立即同意了。

此节安排，也是平阳公主临时想到的。她之所以如此安排，一是她确信胸怀大志的武帝需要的除了女人，还需要可以从戎报国的将士。二是她心中是有些底气的，因为她曾经看到过卫青和那些武士舞剑，功力如何她不懂，但至少看起来很好看。

于是，卫青执着那把青铜宝剑上场了。一套刚柔相济的剑术表演之后，卫青的命运就彻底改变了。从此，卫青由平阳侯府的奴仆，鲤鱼跳龙门，一跃变成了建章营的军士。

此时，卫青16岁。

建章营位于长安西郊的皇家园林上林苑中，能加入到建章营中的人，大部分是精通骑射的功臣之后。卫青算是一个例外了。

汉武帝组编的建章营，目的是为日后的大业在培养人才。大约与近现代培养军事人才的军校差不多了。因此，在某种意义上来说，汉武帝也堪称开办军校的鼻祖了。

汉武帝组编建章营，初建，一时没找到合适的人选来操练监管，于是，又召回了三朝元老的李广暂时代理监管，操练这一批新人。

李广，是陇西成纪人。他的先祖李信是秦国名将，曾率秦军追逐燕太子丹直到辽东。因此，李广家族世代接受仆射这一官职。早在公元前166年，匈奴大举入侵边关，少年从军的李广，在抗击匈奴中作战英勇，杀敌很多，汉文帝大为赞赏，升为中郎。九年后，当汉景帝即位时，李广被升为骑郎将，先后任北部边域七郡太守，并成为景帝身边的禁卫骑兵将军。汉武帝即位后，应召为未央宫卫尉。

卫青进了建章营，遇到的第一个难题就是骑射。

秦汉时代，世家子弟都喜欢游猎，善骑射。然而出身卑微的卫青，生活尚且朝不保夕，哪有闲情和机会去骑马射猎呢？卫青虽然会骑马，也能御马，但是对于弓弩骑射功夫，他却是一窍不通。

李广将军生性耿直，平生最不喜欢攀龙附凤的投机者。初时，见卫青是平阳公主身边的红人，误以为他是借了裙带关系的无能之辈。因此，反而对卫青更加严厉。

这时，卫青结识了后来对他有救命之恩的人——公孙敖。

公孙敖是北地郡义渠县人，生得魁梧粗犷，有着西北汉子特有的豪爽，看似大大咧咧，不拘小节，却为人仗义，为朋友可以两肋插刀。可以说，公孙敖是卫青到建章营交的第一个朋友，两人一见如故，谈兴颇浓。由于有公孙敖介绍，卫青很快就明白了建章营的诸多规矩。

清晨，响亮的起床号子打破了一夜的沉寂，刚刚迷迷糊糊睡着的卫青就被公孙敖喊醒了。卫青一个激灵爬起来，手脚麻利地穿戴整齐，开始了他在建章营的第一天的训练。

在所有建章营的军士中，可以说，卫青已经输在起跑线上了。特别是他的骑射功底是零起点开局。第一天的骑射训练是每人骑射十箭。

第一次摆弄弓弩，卫青既紧张又兴奋。他套上扳指用力拉了拉，感觉弓的硬度、力度都与他此前的想象有差距。当他还未思考明白应该用多大劲儿时，就轮到他上场了。他硬着头皮骑马飞奔，跑动之时，更无法掌控弓弩的方向。因此，可想而知，他这十箭的成绩了，卫青内心不免有些焦急。

“给你三个月时间，练不好就给我滚回去。”李广黑着脸说。

卫青呆立片刻，狠狠咬了咬嘴唇，握紧了手中的强弓，无言地向靶场走去……

建章营蒙难，公孙敖相救

当卫青在建章营艰苦受训之时，随武帝入宫的卫子夫的境遇也不容乐观。自建元二年（公元前139年）入宫以来，至今已一年多了，卫子夫竟然再也没有受到过皇上的召幸。

进了宫的人，是不能随便和外界通消息的。过去卫青担任平阳公主的骑从之时，还可以通过公主探听到一些宫中的事情。可是现在卫青只能是寻找机会，向来建章营办事的未央宫中人打听三姐卫子夫的消息。

那一日，卫青终于从未央宫来的一个郎官处打听到了三姐卫子夫的消息，却是一个坏消息——卫子夫在掖庭偏殿充杂役。

闻听此事，卫青的脑子嗡的一下有点儿蒙了，心想：难道三姐也和我当年去父亲家一样，本为奔个好前程，却是掉进了深渊吗？

原来，事情出在了武帝的姑母兼岳母的馆陶公主刘嫖身上。

馆陶公主是文帝的女儿，她的母亲就是窦太皇太后。文帝时，她是馆陶公主；景帝时，她是长公主；到了武帝时，她是大长公主，又被尊为窦太主。

此时，汉武帝刘彻这个皇帝，不仅受着老太太窦太皇太后的管制，更得要看小老太太窦太主的脸色。因为，不要忘了，人家窦太主当年可是为了自己的女儿当皇后，才替你刘彻这个胶东王当太子出力的。现在，女儿的皇后之位，岂能随随便便就让别人侵犯。

有窦太皇太后、窦太主、陈皇后这三代三个女人的眼睛盯着，汉武帝的皇位尚且不稳，岂能为一个小女子在宫中的地位太过操心呢？

后宫本就是皇后的天下，没有皇帝的刻意呵护，一个小女子只得任由皇后处置。所以，卫子夫的境遇也就不足为怪了。

卫青请求平阳公主帮忙，平阳公主知道了此事，也是无可奈何，只是答应找机会让卫子夫出宫，免受杂役之苦了。

转眼到了建元三年（公元前138年），年轻的汉武帝见皇宫后院净是些文景时代的老迈宫人，不思进取的黄老之气盛行。后宫是朝廷的晴雨表，汉武帝想要创新发展，有所作为，后宫之风不可小觑。因此，汉武帝自登基以来，第二次选择将宫中年迈体弱的宫人释放出宫。

当然，正值花季的卫子夫并不在被释放之列，倒是平阳公主还记得自己的允诺，在武帝面前提到了将卫子夫释放之事。

"皇上，还记得歌女卫子夫吗？既然皇上对她没兴趣，那就让她回来继续当歌女好吗？"平阳公主入宫看望母后王太后，正巧武帝也来给母后请安，于是，平阳公主就似无意也似有意地提到了卫子夫。武帝一拍脑门，这才想起还有这么个人来。

"皇姐不用操心了，朕自有安排。"武帝撂下这句话，转身走了。

武帝向内侍问明了情况，便迈步向掖庭而去。"彼采葛兮，一日不见，如三月兮……"远远地，他就听到有一首清亮婉转的歌声，悠悠地飘荡在宫廷的上空。好熟悉的曲调啊！只是多了一丝丝幽怨。武帝闻听此曲，暗道：是她，朕竟然把她给忘记了。于是，武帝便加快了脚步……

一双有力的臂膀突然从后面抱住了卫子夫，她吓了一跳。"你在怨朕吗？这些日子委屈你了。"闻听此言，卫子夫是又惊又喜，她马上知道从后面抱着她的是谁了。这个带有磁性的男性的声音，在她的心中回荡和盼望了一年多了。

"啊！皇上……皇上，奴婢岂敢怨皇上啊！给皇上请安了。"卫子夫挣扎着想给武帝行礼，却半天也没挣脱出去，只得任由他抱着，哭着说："求皇上放了奴婢吧！放了奴婢出宫回家吧！"

武帝说："不！朕是不会放你出去的！朕要留你在身边。"不由分说，武帝怜爱地拥着卫子夫回到寝殿，干柴烈火，再一次临幸了她。

这一次，卫子夫没有错过机会，幸运之神向她降临了——卫子夫因此而怀孕了。卫子夫怀了龙胎的消息，顷刻间如长了翅膀在宫内传开了。宫廷上下都很欣喜，就连老朽的窦太皇太后都过来看望了卫子夫。当然，最高兴的莫过于汉武帝自己。因为，卫子夫的怀孕，一来可以使此前那些关于皇帝子嗣问题的传言不攻自破，同时，也让武帝那颗悬着的心放下了。

毕竟，不管别人如何议论，武帝自己原本心里也没底气啊！这下好了，一切都云开雾散了，因此，汉武帝对卫子夫的宠幸，也一天胜过一天。

然而，有一个人不高兴了，她就是陈皇后。

当陈皇后听说卫子夫受到皇帝宠幸而怀孕，而自己却十几年了也没能让肚子大起来，这摆明了是自己的问题。陈皇后醋劲大发。但是，嫉妒归嫉妒，毕竟陈皇后不敢把怀孕的卫子夫怎么样，那可是事关江山社稷的大事，任你陈皇后再霸道，也不敢拿江山与皇帝叫板。

然而，这口气又难咽，于是，陈皇后与那位爱女心切的窦太主一商量，就把气撒在卫子夫的弟弟当时在建章营当差的卫青身上了。

卫青在建章营也有些日子了，由于他的刻苦与机智，就连原来对他持怀疑态度的李广，也对他大加赞赏。他不仅骑射之技突飞猛进，后来居上，而且在文韬武略方面也令人刮目相看了。

一日，汉武帝驾临建章营巡视，卫青在李广的举荐下，向汉武帝建言：要想找到克制匈奴之道，一定要先了解匈奴人的习性，而驰骋游猎是最好的体验办法。建章营的军马不能圈养，得放出去游牧，尽可能保持它们的野性。

汉武帝一听，立即准奏，下诏扩充上林苑的规模，把附近的山丘、湖泊都划入进来。

于是，建章营的军马和骑郎们的训练场，也便由军营中转到上林苑。

这一日的黄昏，训练结束以后，卫青、公孙敖等一干骑郎们聚集在一间酒肆里，一边大口饮酒，一边大块吃肉地感受着游牧与骑射之风。这时，店小二进来说，外面有平阳侯府的人来找卫青。卫青在公孙敖等人的打趣声中走了出去。众人接着吃酒。

过了半晌，酒菜已经凉了，也不见卫青回来，公孙敖等人就有些纳闷，即使是卫青回了平阳侯府，也会先回来告诉他们一下的啊！

于是，公孙敖就出来寻找。店小二说，卫青是被几个彪形大汉给带走了。追出门口，又见卫青的宝剑掉在了地上。公孙敖一想：坏了，卫青十有八九是被劫持了。公孙敖回到酒肆把情况一说，众骑郎马上循路追踪而去。

公孙敖猜得没错，卫青确实遭遇了绑架。

几个大汉乃是江湖人士，卫青是冷不防被几个人抓住的。面对屠刀，卫青凌然问道："敢问几位壮士，我们往日无冤，近日无仇，为何对我下手？"

为首的一位大汉说："兄弟，你叫卫青吧？我们哥几个是拿人钱财，替人消灾，只为混口饭吃。怨有头，债有主，想杀你的是宫里的人，你在黄泉路上可不能怪我们。"为了混口饭吃，就可以滥杀无辜，对这样的江湖人士，卫青真是无语了。

卫青心中一阵绝望，他闭上了眼睛，心想：难道今天真的在劫难逃了吗？

忽然，外面人声嘈杂，接下来是一阵刀剑的搏击声。"卫青——卫青——"有人在喊他，仔细一听，竟然是公孙敖的声音……

所幸卫青的朋友公孙敖带领一干壮士及时出手相救，使得卫青大难不死。

所有人对买凶杀人之人都心知肚明。武帝得知此事后，当然非常震怒。然而，顾及皇家颜面，此事也不能太过声张。因此，武帝的安抚之策就是重赏。

几天之后，汉武帝下诏正式册封卫子夫为夫人，并大大封赏卫氏一门。

将原建章监李广调任他职，擢升卫青为建章监。卫青的兄长卫长君也入宫加为侍中。此外，武帝还亲自赐婚，将待字闺中的卫家长女卫君孺，嫁给新近丧偶的太仆公孙贺为妻。数日之内，赐给卫家的赏金累计竟达到千金之多。

当然，公孙敖和所有参加营救的骑郎也都得到封赏。

对于此事，窦太主和陈皇后母女恨得牙根痒痒，奈何此事已惊动了窦太皇太后，老太太为了刘氏的江山后继有人，也暗中警告了她们母女，所以，他们也只能暗自哀叹弄巧成拙，偷鸡不成反蚀把米了。

卫青大难不死，反而给自己和家族带来了显贵。在感叹世事难料的同时，唯有奋发图强以报皇恩了。

时光在不知不觉地飞逝，这一年，卫青已经20岁了。

按照古礼，人有名，还需有字。传说上古婴儿是在三个月后由父亲命名，男子20岁时举行成人冠礼，并取字，而且，名和字是有着意义上的联系的。

于是，20岁的卫青，不仅完成了成人礼，而且有了字。

因为在卫氏家族中，卫青在男子中排行第二，又因青与卿谐音，因此，卫青取字——仲卿。

从此，卫仲卿便开始踏上了新的征程。

第三章　出生侯府：深得皇帝赏识

生在了侯府

汉武帝建元元年（公元前141年）的年终岁尾。都城长安，顾客喧哗，商贩高歌，一片繁华景象。

历经文帝、景帝的“文景之治”，大汉朝国库充盈，人民生活富足，为汉武帝打下了殷实的基础。如今，在正月里即位的武帝，也登基快一年了。因此， 在皇宫里，除了忙着准备过年，同时也在准备着迎接新皇登基后的周年庆典。

如果说还是有一些不和谐音符的，那就是新皇正在实行的“建元新政”，因为触碰了一些人的既得利益而发出的。

日已西斜，市肆打烊。等到了掌灯时分，街面上的行人已经很稀少了。此时，一辆由红色的毛毡装饰的骈车从皇宫驶出，直接进了长安城平阳侯府的大门。

一看车辇就知道车上的主人一定是长公主。因为按汉制，只有长公主的车辇为毛毡装饰的骈车。而汉武帝登基后，封平阳公主为长公主。因此，进入平阳侯府大门的一定是平阳长公主的车辇了。

车辇在侯府内停下时，驾车人手脚麻利地跳下车，放置好脚踏凳子，伸出手，搀扶着一位美少妇走下车来。这两位当然不是别人，乘车的主人正是平阳长公主，而驾车的就是骑从卫青了。

安顿好马和车辆，卫青蹦蹦跳跳地向侯府一角，自家的小偏院奔去，似乎，他已经闻到母亲留给他的饭香了。

在平阳侯府中，卫家绝对算是一个相当庞大的奴仆群体了，并且，这个群体的人员构成，还是一个母系氏族的集合体。

母亲卫媪，侯府的资深侯妾，现任洗衣房管事；另外，门房的管事，虽然和卫媪已育有两子，但是，由于各种原因，算是卫媪没有名分的男人。

卫家的长子长君，因为身体的原因，眼下在花圃做着杂事；次子，也就是卫青，现在担任着侯府女主人、平阳长公主的骑从；两个小儿子卫步和卫广还是天真可爱的孩童。

卫家的三个女儿——君孺、少儿、子夫，不仅个个如花似玉、清纯可人，而且还各有各的美。因为平阳侯府素有歌舞之风，而新主人平阳公主又特别喜欢歌舞，所以，卫家的三个女儿，从会走路时起，就开始学歌舞技艺了。

然而，最近一年，女儿们却有了一些变化。长女君孺因为年纪大了，去了花圃；次女少儿因为肚子大了，停止了跳舞；只有三女儿子夫，挑起了歌舞班子的大梁。

这样一个甚至比主人家都要人丁兴旺的仆役团队，在侯府中当然是有些地位的。因此，卫家被特批全家集中在偏院居住，生活起居有相对独立的自由和空间。

“娘——娘——”卫青跑回家，见餐桌上的饭菜还热乎乎的，却不见了娘的身影儿。四下一找，却见姐姐们的房间里灯火通明。于是，卫青又向灯火通明的姐姐们的房间走去。

卫青来到门前，见大哥、大姐和三姐挤在了门口，透过门缝向里面张望，他刚想询问是什么情况，就听到一声响亮的婴儿啼哭从屋内传来，卫青先是一怔，然后马上明白：二姐少儿生了。

于是，兄妹几个一起挤进屋。母亲卫媪高兴地对儿女们说：“男孩儿，是个大胖小子。这可是咱们卫家第一个晚辈呢！”

卫青意识到：二姐少儿给他生了一个外甥，他当舅舅了。

“娘，这孩子可是姓霍呢！”刚刚生产后还很虚弱的卫少儿纠正着母亲。

“死丫头，和你娘我一个样，太痴情了有什么好，你能不能忘掉那个薄情寡义的负心汉啊！”母亲卫媪笑骂着痴情的二女儿。

然而，有儿子为证，卫少儿对孩子的爹又怎么能忘得了呢？

当然，这个刚出生的男孩儿，确实姓霍，这个男孩儿就是后来大名鼎鼎的霍去病。而他的爹，就是河东郡平阳县（今山西临汾）人，名叫霍仲孺。

卫少儿与霍仲孺，相识、相知、相恋在汉武帝建元元年的春天。

春天，是一个万物萌发而又蓬勃多情的季节。在一个天气晴朗的春日，身为平阳县衙役的霍仲孺来到了长安城内的平阳侯府。

说起这个霍仲孺也算是个读书人。

霍仲孺本是受平阳县令的差遣，从老家平阳，来到位于长安的平阳侯府，送一些诸如土特产之类的物品。霍仲孺送完了物品，他的使命也就完成了。本来是要马上回去的，但是正赶上新皇下诏，令列侯及高官察举贤良文学，向朝廷推荐人才，所以，读书人霍仲孺就暂时留下来当了侯府的门客，期盼着自己也能有机会谋个一官半职。

这一日，平阳侯府的客堂内，众门客的辩论赛开始了。

“天下之势，动极思静，静极思动。如今天下承平已久，我大汉国力日盛，人心思变，变革已势在必行。”一门客首先提出了自己的观点。

“仁兄此言差矣！我大汉是以仁孝立国，自高祖皇帝以来，历代皇帝行的都是清静无为、与民生息之策，才有如今的富庶繁盛。先皇去之未久，当今圣上又初登基，此时若大兴变革，实乃有悖天道人伦。既是对先皇的不敬，又与我大汉以仁孝立国之根本相违！”另一门客立即引经据典起来反驳着。

“错！错！错！此一时彼一时也！‘萧规曹随’乃是高祖年间定下的，如今早已时过境迁。先皇也曾动过变革之心，只是时机尚未成熟。”霍仲孺也忍不住加入讨论，当提到“萧规曹随”时，他用眼睛瞄了一下平阳侯曹寿，见侯爷端坐在正中的坐榻上，双目微闭，凝神静思，似乎对大家的议论不置可否，因此，霍仲孺清了清嗓子，又继续说下去，“当今天子年轻气锐，欲推陈出新，意在施有为之治，实乃英明睿智之举。”

门客们在热烈地争论着，在门后，有一双美丽的眼睛，偷偷地注视着门客们的一举一动。当霍仲孺侃侃而谈时，那双眼睛开始投注到他身上，直到演说结束，那双眼睛不仅没有移开，反而亮晶晶的，透着无法言说的崇拜。

霍仲孺本就站在离门不远处，在完成了演说之后，也许是内急，也许是预感到了什么，总之，他突然走向门口，两手分别把着一扇门，如张开的怀抱一样，向两边打开了房门。趴在门后的那双美丽的眼睛，加上整个美妙的身体，一下子跌入了霍仲孺张开着的怀抱中。

门后拥有美丽的眼睛和美妙身体的，正是卫媪的二女儿——卫少儿。

门一开，两人同时吓了一跳。霍仲孺没想到只是开个门，竟然就有美女投怀送抱。而卫少儿正凝视着那个风度翩翩的男人在演讲，边听边情不自禁地动着少女的小心思，没想到，他却突然地开门而出，还没等反应过来，一个站立不稳，人已经在那个男人的怀中了。还算霍仲孺反应够快，就那么抱着卫少儿轻盈的身体到了门外，甚至都没引起房内谈兴正欢的门客们。

待两人站稳身型，情不自禁地打量起对方来。当两双眼睛对视时，卫少儿羞红的脸煞是好看。霍仲孺那颗蓬勃的心也动了。

在春天里，一男一女两个人，因一抱而相识。此时，男未娶，女未嫁。于是，两颗青春的心，在春天的风里，很快地生根、发芽、开花、结果了。

然而，门客毕竟只是门客，仅凭高谈阔论是改变不了人生的。当门客又是无法养活妻子儿女的。平阳侯爷曹寿自己信奉的都是“无为而治”之道，他怎么会举荐霍仲孺这样的小县衙役去奔前程呢？因此，在平阳侯府，霍仲孺是没有前途的。他从哪里来，必须得回到哪里去。

于是，还没等卫少儿生下孩子，懦弱的霍仲孺只能逃避了，就像当年的郑季一样。而卫少儿也如母亲卫媪一样，在平阳侯府里孤独地生下了儿子。

皇帝赐名的荣幸

卫少儿在侯府生下了儿子。因为儿子生下来就没有看到父亲，所以儿子就成了私生子。

然而，孩子的降生，不仅给卫家带来了笑声，同时也给平阳侯府增添了欢乐。可以说，孩子在众人的呵护下，长得白白胖胖的，甚至比同样月龄的孩子都要长得大一些。

一个阳光灿烂的午后，当了母亲的卫少儿，带着一岁左右的儿子在小院里玩耍。孩子手里拿着舅舅卫青给制作的木剑，在母亲身上戳来戳去，卫少儿佯装吃痛，将木剑拂开，孩子就会咯咯地笑个不停。

这时，大姐君孺一脸喜相地走了过来。抱过孩子一边逗着一边说："二妹，有个天大的好事，要不要听？"君孺卖着关子，见已经提起了少儿的兴致，便掩饰不住喜悦地接着说，"皇上驾临了侯府，并临幸了小妹。这会儿已经带着小妹回宫了。"

"真的啊！皇上长什么样？"这一年多来，卫少儿只顾生孩子养孩子了，简直都与外面的世界隔绝了，听大姐一说，不禁好奇地问道。

"方脸大耳，眉清目秀，沉稳中露出一股英武之气。总之，我也没看太清楚……但是，跟在皇上身边的太仆道是很威武、很老练、很成熟呢！"大姐君孺边逗孩子，边喃喃地说着，说完话，脸上竟然飞上了两朵红霞。

"哟哟，大姐心中也住进小鹿了吧？快快如实招来，他是谁啊？"卫少儿虽然年轻，毕竟算是过来人了，听大姐说话的口气，再看到大姐的神态，就知道大姐也有意中人了，于是笑逗着问大姐。

大姐君孺把孩子交给二妹，说道："我打听过了，他叫公孙贺。"然后，好像怕二妹再问似的，飞一样溜走了。

看到大姐和小妹都已心有所属，卫少儿抱着儿子，想着那个曾经让自己倾心相恋的人却音信皆无，不禁暗自神伤。

正在卫少儿伤心之时，弟弟卫青进来了。

自从卫青做了舅舅，每天回来不管多晚都会来看望这个大外甥。也许他觉得自己和大外甥是同病相怜吧！

“二姐，三姐进宫的消息你知道了吧？明天我也要去建章营了。”卫青一边抱过孩子，一边对卫少儿说。

二姐卫少儿听到卫青说话，才从思绪中缓过神来。

“去建章营？要住在那里吗？也不能天天回家了吗？”卫少儿追问了一下，才明白二弟话中的意思。一下子走了两个朝夕相处的弟和妹，卫少儿在高兴的同时，也不免落泪。

又是一年芳草绿，不知不觉地卫子夫和卫青离家已经一年多了。卫青在建章营受训还偶尔会回家来看看，可是卫子夫那边却很少有消息。

卫青在外面多方打听，卫媪也多次央求平阳长公主，可是一直没有卫子夫的确切消息。母亲卫媪挂念着女儿，整日整夜地睡不好、吃不下。往日兄弟姐妹们在一起的热闹场面也很少有了。

突然有一天，卫青在建章营中偶然得到了一点儿消息，却是一个坏消息——卫子夫在充当杂役。卫家人的心由高峰降到了谷低。

卫家人也实在没有别的办法了，卫媪和卫青只得再去央求平阳长公主。

其实，平阳长公主是了解一些底细的，但后宫中的事儿太复杂，考虑到方方面面，她也不好太多嘴。因此，卫家人来询问时，平阳长公主也只能推说不知道。

现在，既然卫家已经知道了，那么，平阳长公主这个忙就必须得帮了。

平阳公主本来是求皇上释放卫子夫的，却勾起了皇上的旧情，重新临幸了卫子夫，使得卫子夫的命运柳暗花明了。

卫子夫的命运虽然改变了，但卫家人提起来的心，还没有放下。于是，经再三请求，平阳长公主答应帮助沟通一下，让卫少儿带着孩子，代表全家去宫中看望一下。

于是，那一天，卫少儿带着两岁多的儿子，走进了未央宫，去探望刚刚重新得到皇上宠爱，被封为夫人，且已有了身孕的妹妹卫子夫。

当然，卫少儿所带着的两岁儿子，就是后来的霍去病。只是，此时，他还不叫霍去病。从出生开始，母亲卫少儿就认定孩子一定要姓“霍”，具体的大名，一时没有确定，只待有缘人来取名呢！就这样，一来二去的，拖了两年多，孩子还是没有大名的娃儿。

没有大名的娃儿就有机会进皇宫了，也许，这就注定了这个孩子将有一个不平凡名字和人生吧！

话说卫少儿来到宫门处，向宫门执事说明了自己的身份。当然，宫门执事早已得到了平阳长公主的知会，马上入内禀报大内总管，然后唤来一个小太监带卫少儿母子入内。

小太监边走边告诉卫少儿，皇上近日龙体欠安，这会儿，陈皇后带着众嫔妃都在皇上寝宫探望，卫夫人也在其中，他们这是先去卫夫人寝宫去等待……

小太监在前面引路，卫少儿抱着儿子诚惶诚恐地在后面紧跟着。

此时，皇宫内院异常肃静，人们互相说话打招呼都悄声细气，蹑手蹑脚，似乎生怕惊动了皇上。

七拐八拐地沿着宫道走了好长时间，一间宏伟的大殿呈现在眼前。卫少儿发现有很多人在殿中进进出出的，心想：难道这儿就是皇上的寝宫？围了这么多人，一声不吭的，难道皇上的病情很严重吗？这样想着，卫少儿的脚步就停了下来，禁不住往里面多看了两眼。

卫少儿这一停下来，小太监就有些着急了，心想：一个妇人抱着孩子在这儿停留是大大不妥的，万一孩子哭起来，惊吓了皇上，那可是要掉脑袋的啊！

真是想啥来啥。小太监刚要催促卫少儿快走几步，因为卫夫人的寝宫在旁边，再走几步就到了。然而，还没等小太监的话说出口，卫少儿抱着的孩子突然就真的大哭起来。

“哇——哇——，娘，娘，我要回家，回家——家！”哭声虽然不大，倒也清晰，还透着奶声奶气的童音。

也许是让皇宫的肃穆气氛给吓着了，也许是被母亲抱得太久了有些憋闷了，总之，卫少儿的儿子忽然就哭闹了起来。

这一哭，直吓得小太监魂飞魄散，卫少儿也吓得不轻。卫少儿赶紧手忙脚乱地去捂儿子的口，可哪里捂得住哦！

宫殿内外，所有人都听到了孩子的哭闹，当然也包括卧病在床的汉武帝。

彼时，汉武帝正躺在床上，经受着重感冒带来的病痛和苦恼。

突然间，一阵稚嫩的孩儿哭声，年轻的武帝还从来没有听到过小孩子的哭声，这一声突然的孩子哭叫，竟把个汉武帝吓得全身一震，猛地从床上坐起来。然后，汉武帝只感觉出了一身冷汗。没想到，汗出来了，顿觉龙体轻松，心情也舒畅起来，病也似乎好了大半了。

惊扰了皇上，这还了得。有皇上身边的侍卫把卫少儿和哭闹的孩子抓住就要问罪。引路的小太监赶紧说明情况。侍卫一听是卫夫人的姐姐和孩子，一时竟也不知如何是好了。

此时，正在殿内的卫子夫听到哄劝孩子的声音很耳熟，出来一看真是二姐和外甥。卫子夫来不及和二姐打招呼，就转身回到殿内向皇上请罪。

武帝闻听，准卫少儿母子觐见，于是，卫少儿就拉着儿子，跪在了龙床前，等候降罪。

“刚才是你在哭吗？”武帝让那孩子来到身边。

说来也怪，一进到殿内，那孩子不哭也不闹了，大眼睛亮晶晶的，这瞧瞧那看看，一点儿也不拘束，甚至，看到跟他说话的人满头大汗的样子，竟然开口说，“舅舅，舅舅，你很热吗？”说着，抬起小手就去帮着擦汗。

在这个孩子的印象中，凡是男子都叫舅舅，因此，没人提醒，他就把皇上认作了舅舅。

哈哈——哈哈——，武帝龙颜大悦，搂抱过孩子，不停地逗着。然后，又对卫子夫说：“爱妃，将来咱们的孩子也会这么逗人喜爱吧？”此时，卫子夫见皇上眉开眼笑，提起的心才放下了。

随后，汉武帝问卫少儿：“这孩子叫什么名字？”

卫少儿赶忙说：“还没有起下名字呢。”

汉武帝眯起眼睛想了会儿说：“朕最近几天来身体欠安，得了伤风感冒，不料，这孩子几声大哭，倒惊得我出一身冷汗，这病居然去除了。朕就赐名这孩子叫‘去病’怎么样？”卫子夫和卫少儿受宠若惊，赶紧跪地谢恩。

“对了，这孩子姓什么？”汉武帝又问。

“回皇上，姓霍。”这回是卫子夫在答。

“霍，霍然迅捷，去病，除去病根。霍去病，就它了。”汉武帝解释着名字的含义。

皇帝亲自赐名——霍去病，这是多么大的荣幸啊！从此大名飞扬。

也就是在此后不久，霍去病的舅舅卫青，经历了那场大难，侥幸不死，于是，卫氏家族的命运就彻底改变了。

舅父的磨难不再重演

父亲不敢承认的私生子，母亲又是个女奴，看起来霍去病是永无出头之日的，然而，有了皇帝赐名的荣幸，似乎奇迹总能降临到霍去病的身上。

卫青自从当了舅舅，就多了一项哄大外甥的任务。

婴儿时的霍去病天生嗓门大，又特别喜欢在夜深人静时哭闹，搅得人不得安宁。卫氏全家人都哄不住，但奇怪的是，只要卫青一抱，小家伙立即就不哭了。

看到儿子和二弟卫青在一起亲昵的样子，作为母亲的卫少儿都会心有所感。

当年她的母亲卫媪送二弟去郑家的一幕幕，卫少儿是亲眼所见的。二弟后来所受的磨难她也是详知的。

因此，从孩子还未出生之时，卫少儿就给自己定了一条原则：不论生下来的是男是女，不论霍仲孺回与不回，她绝不会让孩子离开自己半步，绝不让孩子舅舅的磨难在孩子身上重演……

这一天，老家平阳那边有消息传来——霍仲孺娶媳妇了。

听到这一消息，卫家人都急了，特别是大姐君孺，立即就要两个弟弟回平阳去兴师问罪。

要知道，此时的卫家人已非昨日的卫家了。

首先是卫子夫。自建元二年春，卫子夫以平阳公主家讴者身份得幸入宫，虽然经历了一年多的空窗期，总算在建元三年又复幸，并且怀有身孕。以后“恩宠日隆”，被封为了夫人。

其次是卫青。在建章营的训练，使得卫青已经成长为一名优秀军事人才。在经历了生与死的磨难之后，更加成熟稳健，并提升为建章监。

第三个是卫长君，也已经被皇帝封为侍中。

然后就是卫君孺，已成为太仆公孙贺之妇。

卫氏全家也在平阳长公主的周旋之下，不仅脱离了家奴的地位，而且已另择府邸独立居住了。卫媪也成了名副其实的卫家老太太，享受着儿女荣华富贵后所带来的幸福的晚年生活。

算起来，卫家人中，还只有卫少儿比较惨了一点儿。

卫少儿是恨霍仲孺的。毕竟，他是她生命中的第一个男人，这份情意又怎么能轻易割舍得下呢？听到霍仲孺已经娶妻的消息，全家最平静的人反而是当事人卫少儿。

卫少儿想起和他在一起的甜蜜时光，心中就一阵阵泛酸。“也许，他是承受不起咱们家的富贵吧？男人总是太要面子的。”卫少儿倔强地咬着嘴唇，劝说着大姐君孺，“好在，他一定知道了孩子是姓霍的。”

唉！怪只怪自己命薄吧！慨叹着自己的命运，两行清泪洒在了卫少儿的脸颊。

自此，卫少儿将霍仲孺彻底地放下了，她也要开始她的新生活。

卫少儿是美丽的女子。当年她和三妹子夫，可以说是平阳侯府歌舞班子中的两朵花。子夫是善歌咏，而少儿是善舞蹈的。当初汉武帝驾临平阳侯府时，如果不是卫少儿正值怀孕生子的话，那么，皇上宠幸哪一个，真还说不定呢！

虽然历史是不能假设的，但是卫少儿的品貌气质不输给卫子夫，这一点是确定无疑的。

都说好女不愁嫁，一个偶然的机会，卫少儿又结识了大汉开国功臣陈平的曾孙陈掌。

陈掌倜傥儒雅，不仅家世显赫，而且学识渊博。卫少儿的温柔与美貌也让陈掌一见倾心。两人初一相见，立即坠入爱河。卫少儿也从霍仲孺带给他的痛苦中解脱出来，一心扑在了陈掌身上。

初时，陈家还反对陈掌娶一个奴婢出身的卫少儿为妻，但是随着卫家的渐渐起势，卫少儿也就顺理成章地嫁入了侯门。

当然，霍去病也随母嫁入了陈府。

陈掌待霍去病如已出，再加上姨母和舅舅们的百般呵护，幼小的霍去病根本没问过自己为什么不姓陈而姓霍的原因。当然，母亲卫少儿也没想隐瞒儿子的身世，只是因为儿子还太小，等他长大了一定会告诉他谁是他的生身父亲。

就这样，时光飞逝，日月如梭，转眼就十余年过去了。这十余年里，卫家独享尊荣。

卫子夫第一胎生了一个女儿，就是后来的卫长公主。然后接连受到“大幸”“有宠”，又育有两女。卫子夫不断受宠，陈皇后就不断地设计陷害卫子夫。没想到，一一被识破以后，屡遭汉武帝怒斥，陈皇后不免心中抑郁。当卫子夫再次怀孕时，陈皇后就暗地里做些蛊人诅咒卫子夫，没想到又是东窗事发。

这些年来，汉武帝念及当年的恩情，一直容忍陈皇后。可是这一次，汉武帝终于震怒了，罢免了陈皇后的皇后之位，将其贬到了长门宫。恰在这时，卫子夫喜得龙子，生下了后来的太子刘据。汉武帝大喜，晋封卫子夫为皇后。

汉武帝元朔元年（公元前128年）三月甲子日，卫子夫被册立为皇后，于是，大赦天下。

由此，卫家也一跃为外戚贵胄。此时，卫家的其他人也都发生了很大的变化。

特别是卫青的事业蒸蒸日上。这在下面的章节中将有详细叙述。现在只说卫青的巨大成功，对于霍去病来说，是一个巨大的鼓舞。

从小到大，卫青这个舅舅，只要有空，就会教习外甥霍去病骑射、武艺。

在某种意义上来说，卫青这个舅舅，主动承担了在霍去病成长过程中父亲的角色。因为卫青联想到自己的成长，感同身受，在一个男孩子的成长过程中，“父亲”这个角色的重要性，不能在外甥身上重演。

卫青也发现：外甥霍去病确实是一个可塑之才。在武艺方面，霍去病的领悟力十分惊人，旁人需要学上三五个月的一式剑法，霍去病只需数日就能熟练掌握，并且力道、节奏均与自己不相上下。当然，骑术更是如此，仿佛霍去病就是为骑马而生的。在舅舅卫青父亲般的关爱下，霍去病逐渐长成了一个英武俊逸的翩翩美少年。

有一天，卫青带回一匹在长安城无人能驯服的大宛烈马。霍去病一见这匹马就相当喜欢，“舅舅，真是匹宝马啊！让我来驯服它，如何？”

其实，卫青之所以把这匹马带到霍去病的面前，正有此意，但卫青却将了霍去病一军：“这可是一匹无人能驯的烈马，你可别逞能。如果可以驯服，那马就归你了。”

“一言为定！”霍去病挺胸回答。

霍去病飞身上马，身型矫捷得连卫青都暗自叹服。初时，烈马也是狂甩乱蹦，想把霍去病掀下去，但是，无论如何折腾，霍去病依然端坐马上。直累得烈马没了烈性，乖乖地就范。接下来，霍去病骑着它，腾挪自由，奔跑如飞。

卫青当即兑现承诺，将此马送给外甥霍去病当坐骑。同时，卫青又配送了一身了汉军骑士的标准行头：一副铠甲，一顶精铁抹额，一把青铜宝剑，一副宝弓。有了战马及盔甲，霍去病经常穿戴整齐，射猎演练。

研究匈奴弱点的骁勇少年

在舅舅的影响下，霍去病自幼精于骑射，虽然年少，却不屑于像其他王孙公子那样，待在长安城里放纵声色享受长辈的荫庇。

霍去病渴望杀敌立功的那一天，为此，他时刻准备着。除了自身才艺的准备，霍去病还团结一批少年英才。

这日一大早，霍去病披挂整齐，与母亲卫少儿说去城外和众伙伴打猎。卫少儿早已熟知了儿子的打猎习惯。别人是一天不吃饭不行，霍去病是两天不打猎就手痒难受。因此，卫少儿也不阻拦，只吩咐“出门小心”就干她自己的事儿去了。

霍去病牵上舅舅送给他的宝马，在大街上三转两折，来到了舅舅卫青的府上。此时的卫青已经娶妻生子，长子名叫卫伉，此时七八岁的年纪。

卫伉见到霍去病，撒下手中的风筝，拉着表哥的手，说：“表哥，你教我打猎，好吗？”

于是，霍去病就将小表弟卫伉抱上马背，哥俩一骑，穿城过村向郊外的游猎场而去。卫伉第一次感受驾马狂奔的刺激，一边死死搂着表哥霍去病的腰，一边高兴地大叫着。

哥俩到了早已约好的集合地点，已有两个人在那里等候多时了。

一个是赵破奴。

霍去病与赵破奴相识在打猎场。当然，霍去病是猎人，而赵破奴是误打误撞进入了皇家猎场，差点儿被当成了猎物。

赵破奴本是太原人，小时候因匈奴人入侵抢掠，曾流浪到了匈奴，后来才辗转来到长安。为了活下来，他在流浪中练就了力大无穷、坚忍不拔的尚武精神。特别是他在留居匈奴时，已经变成了“匈奴通”。

赵破奴所讲的在匈奴的见闻，让霍去病大开眼界，而霍去病小小年纪就表现出来的那种大将风度，也让年长一些的赵破奴心悦诚服。

可以说，霍去病与赵破奴两个人一见如故。在以后霍去病进击匈奴的战斗中，赵破奴凭着对匈奴人生活习性和草原地理气候等因素的了解和丰富的经验，为霍去病屡立战功。

另一个是路博德。

路博德不仅长得文质彬彬，一看就和霍去病的性格截然相反，而且他少喜读书，特别对兵书战法等颇有研究。路博德与霍去病二人，一文一武，一静一动，优势互补，因此成了一对从小玩儿到大的小伙伴。

最近一段时间，霍去病、赵破奴、路博德三个人经常聚会。三人中，机智骁勇的霍去病自然而然地就成了头儿，而赵破奴和路博德则是他的左膀右臂。

当然，聚会的主题离不开当前的热点问题——对抗匈奴。久而久之，他们仨俨然成了一个研究匈奴问题的组合。

三人对匈奴问题的研究，首先是从“马邑之谋”的失败开始的。当然，这个事儿是他们听来的，因为，此事发生之时，霍去病只不过是五六岁的孩童。

所谓“马邑之谋”，其实是诱击匈奴之计。事情的经过是这样的：

早在汉武帝元光元年（公元前134年），汉武帝下诏封卫尉李广为骁骑将军，屯兵云中；中尉程不识为车骑将军，屯兵雁门。虽然这两个人治军不同，但都是防胡的名将、老将。

其实，这时汉武帝可用的人才是不多的。因此，是年，汉武帝又重新提出了即位初期被窦太皇太后反对的“察举制”，以公卿荐举“贤良”。

到了元光二年春天（公元前133年），大行王恢举荐了雁门的马邑人聂壹提出的诱击匈奴的建议。于是，汉武帝第一次正式宣布了他的进攻匈奴的主张。结果，在这一年的夏天，汉武帝正式实行聂壹的诱击匈奴之计。可以说，这一举动是汉武帝大举出击匈奴的先声。

此时的马邑城，是一个相当富庶的商业都市。汉朝秘密派聂壹做间谍，以一个私自出塞的商人身份，设法和匈奴的军臣单于取得了联系。聂壹谎称能斩掉马邑的令丞，开门迎接匈奴军入城。单于相信了。

于是，聂壹回到马邑，斩掉一个死囚，把头悬于城楼之上，指引匈奴军速来。与此同时，汉武帝已经派了三十多万精兵，埋伏在马邑旁的山谷中。阵容是以重臣宿将韩安国为统帅，其他四路人马分别是李广、公孙贺、王恢和李息。可以说，整个阵容是一个包括“步”“骑”“车”三种士兵的大兵团。

然而，百密一疏，太小看单于的观察分析能力了。

匈奴单于率十万骑兵，到了距马邑还有百余里的地方，看到满山遍野的牛羊无人照料，心下就十分怀疑了。因为，汉兵向来是战时为兵，平时为农的。这满山的牛羊无人看管，那么，人哪里去了？

有此怀疑，单于便率领大队人马向当地一个把守的亭进攻。恰在此时，雁门的一个尉史正巡查到此地。当然，有匈奴兵至，尉史领兵据守，然而哪里能守得住呢？可恨这尉史是一个没骨气的怕死鬼，刚一被俘就将汉军的计划全盘告诉了单于。单于急忙引军撤退。汉军的诱击计划就彻底失败了。

从此，匈奴与汉朝不再和亲，对汉朝的侵掠也更加密急，而汉朝进攻匈奴的准备，也紧锣密鼓准备着。

话说霍去病的三人组合，每每聊到“马邑之谋”的失败，总是特别的亢奋。

霍去病瞪着眼睛说：“那个尉史，罪该万死！这样的人，我见一个杀一个。”

路博德也抬高了嗓门说：“这个人也真是可恨，假如他不是个软骨头、怕死鬼，如果他肯牺牲性命来保守着他所知道的秘密，那么，情形就会大不一样了。”

赵破奴握着拳头说：“人是需要有战斗精神的。特别是在沙漠和草原上对抗匈奴，将士们必须能耐饥渴、抗疲劳，随时保持着极旺盛的战斗精神。最主要的，将士要有娴熟的骑射技术和随机应变的能力。”

就是这样，三人组合经常聚在一起，针对某些具体问题，边探讨边实地演练着战法和破敌之策，俨然是一个成熟的军事小组了。

今天，三人又聚在一起，赵破奴看着霍去病带来的卫伉，想起一个事儿来，于是开口说道："去病，你舅舅军中有个'匈奴通'，名叫张骞，此人在西域多年，对匈奴的情况了如指掌，可找他好好聊聊的。"

"破奴，你提醒得对。以后我们要上场杀敌，就一定要了解地理知识和风土人情。哪儿有水，哪儿有山，哪儿适合扎营，哪儿适合设伏，哪儿能找到给养……都得有所了解，否则，这仗就没法打了。"霍去病也将自己思考了许久的问题，向好朋友们讲了出来。

路博德附和着说："对，对，这就是兵法上所说的'知己知彼，百战不殆'，占据天时与人和，还需要有地利啊！"

小卫伉在一旁，用崇拜的眼神看着大哥哥们。虽然对大哥哥们的话，他听得似懂非懂，但是他终于知道父亲为什么那么喜欢霍去病表哥了。

当日已西沉之时，霍去病带着小表弟卫伉打马回到了舅舅家。

当霍去病带着小表弟回到舅舅家时，见不仅舅舅卫青在家，而且厅中还有三个人。

一名青衫打扮，是一位面容瘦削的中年人；一名身穿盔甲，是一位颧骨高耸，高大雄壮的硬汉；另一名是一个十七八岁的少年。

卫青见霍去病来了，便招呼他与厅里的三人见面。

这三人不是别人，都是当下和后来历史上大大有名的人物：张骞和苏建与苏武父子。

汉武帝即位以来，在对外的基本方针上，将"防守"变为了"进攻"。这是汉武帝在未即位之前就孕育的决心。因此，在他刚即位的第二年，即公元前139年，就派张骞出使西域，去联合大月氏来共击匈奴了。张骞这一去，历经艰难万险，十余年后，才回到长安。

苏建乃是卫青手下的大将，在抗击匈奴的战斗中有上佳的表现。而此时的少年苏武，在日后以"苏武牧羊"的故事，青史留名。

霍去病想：刚才赵破奴还提到"匈奴通"张骞，没想到立即就见到了。于是，张骞向在座诸位介绍着他所了解的匈奴人，霍去病则正襟危坐，专心倾听，不时还提出一些颇具实质性的问题，让张骞的谈兴更浓了。

张骞的介绍，和此前在赵破奴那儿得到的信息相吻合，且更加详细，因此，霍去病边听边分析着，最后，霍去病问道："匈奴人有弱点吗？"

“哈哈，”张骞大笑道：“当然有，谁会没有弱点呢？匈奴人的弱点就是貌似强大，其实抵抗力并不强，特别是防御力较弱，因为他们擅长的是游击战，经不起强力的冲击。”

“对。”闻听张骞此言，霍去病点了点头，然后对舅舅卫青说：“如果给我一支铁骑，我会想办法在他们意想不到的情况下，找到他们的大本营，对他们进行痛击。他们以前的优势要变成我们的优势。”

“如何保障后勤供应？”卫青以欣赏的目光看着霍去病，追问了一句。当然，这也是卫青一直没想明白的问题。

“我不需要后勤，我要以战养战。”霍去病胸有成竹、很干脆地回答。

在座的人都纷纷赞叹道：真的是初生牛犊不怕虎啊！外甥有如此见地，卫青满心喜欢。他想：卫家后继有人啊！找时间一定得向皇上举荐。

汉武帝钦点的侍中

不知不觉，又是一年的春天，汉武帝首创的比武大会就要开始了。所谓比武大会，就是皇帝选拔将领的一种方式。

今年的校场比武，经过一轮轮的淘汰，最后霍去病和一个陌生的少年站到了最后的决赛场上。

此刻，在霍去病的对面站着的少年，他身材挺拔，一副羽林军打扮，特别是肩上背着的一把弯弓十分耀眼。

霍去病猜想：看他的打扮，说明他是一个有着军中生活经验且善骑射的人。

果然，经介绍，才知此人乃是名震当朝的李广将军的公子——李敢。

李广将军的事迹，霍去病是从小听到大的，尤其是李广将军一箭穿石的故事，更是激发霍去病所要达到的目标。可以说，除了舅舅卫青外，霍去病心中所崇拜的英雄，第二位的就是李广了。

对于李敢，霍去病听说他曾经跟着他爹李广将军出征，在塞外与匈奴人血战，曾在百米开外射中一只黑熊，使黑熊当场毙命。

对名将之后，霍去病当然也充满了尊重。然而，李敢却是傲气十足，他今天就是来向霍去病挑战的。

一个是家传的绝技，一个是亲授的武艺，两个人初一见面，便火药味十足地斗上气了。

最后的决赛时刻，汉武帝驾临赛场，立即群情振奋，情绪高昂。霍去病和李敢更是摩拳擦掌，跃跃欲试，极力想在皇上面前表现一番。

汉武帝询问目前情况，主考官卫青立即躬身奏报："还有最后一轮骑射比赛，剩下两人脱颖而出。一位是卑职的外甥霍去病，一位是李广将军的儿子李敢。”

“那好，现在开始吧！朕先看看。”皇上发话了，卫青即命比赛开始。

霍去病与李敢两人双马，早已按捺不住，一看到发令指示，立即拍马踏着烟尘驶出。骑马飞驰中，拉弓发箭，“嘭嘭——嘭嘭——”，箭矢中靶之声不绝。人群发出一阵阵的喝彩声。

顷刻间，两骑已跑到终点，箭囊中的箭镞也已经射完。

卫青亲自下场清点中靶情况，两张箭靶上都是全中，而且都是正中靶心。两人不分胜负。

卫青又向皇上禀明比赛结果。汉武帝一听，高兴地站了起来，说：“谁说我汉家子弟没有骑射人才，这两位可是大大的人才呢！”

把霍去病和李敢两人叫到近前，汉武帝问：“你们有如此武艺，可曾有什么梦想？”

“出阵杀敌，扫平匈奴，为皇上平定天下。”两人如商量好了似的，几乎是异口同声地回答。

对这种自信感爆棚的狂傲之语，汉武帝并没有反感，反而立即高兴地擢升两人为羽林郎，并命李敢去父亲李广军中效力，霍去病进宫为侍中。

当天下午，回到家中的霍去病，高高兴兴地说了就要进宫当侍中的事儿。母亲卫少儿看儿子有出息，也深感欣慰。卫少儿亲自下厨，吩咐儿子去请君孺大姨母、卫青、卫步、卫广舅舅等人前来，全家小聚。

因为此时，卫媪、卫媪的长子长君均已去世，而卫子夫贵为皇后也不在邀请之列。因此，这算是多年来，卫家最全的一次聚会了。

席间，长辈们纷纷庆贺霍去病在皇上身边做了侍中。这可是很多人梦寐以求的职位啊！同辈人中，霍去病是老大，弟弟妹妹们也高兴地欢呼大哥给他们做了榜样。特别是舅舅卫青告诫霍去病：“进宫以后，要尽职尽责，保护好皇上，对上司、同僚，甚至是宫中下人，也千万不能以贵戚而自居，要以礼相待，谦逊谨慎。”霍去病当然都铭记在心。

是夜，霍去病失眠了。想着家人的嘱托和即将担任的职位，少年霍去病竟然也久久不能平静……

当新的一天来临时，霍去病迎着东升的旭日，信步走入了皇宫。

当然，对于皇宫霍去病并不陌生，只是今天进来的身份不同。他径直来到皇帝的寝宫，走到门前时，想起母亲告诉他的，他在儿时上演的那惊魂一幕，不禁也哑然失笑。

还没等让人通禀，皇上身边的大太监早已经迎出来说道：“快进去吧，皇上和皇后已经等你半天了。”

听到姨母也在，霍去病略有些紧张的心情就放松了，又恢复了以前进宫时走亲戚的心情。

“去病来了，坐下聊聊天。”皇上说。

霍去病下意识地刚要坐过去，马上意识到现在非比从前了，说道：“给皇上、皇后请安！臣不敢。”

一听霍去病一本正经地自称为臣，连坐在一边的卫子夫都乐了。但乐归乐，卫子夫还真是端起了皇后的架子来，说：“去病真是长大了。是应该讲点儿规矩了。皇上也不能太宠着他啊！”

于是，霍去病就站在那儿，垂手听皇上说：“朕觉得你是块当将军的料，但据朕所知，你书读得少，又没有实战经验。现在，朕给你一些兵书，三个月之内，完成研习兵书和带好侍卫队。这是对你的第一次考验，能不能上战场杀匈奴，首先要过这一关，有信心吗？”

“有！”霍去病只回答了一个字，但说得铿锵有力。

“好。一言为定。还有这套金甲，朕也赐给你了。”汉武帝赐给霍去病兵书和金甲，可以说对他的期望值是超高的。

然而，毕竟汉武帝还是不了解霍去病的。

三个月下来，侍卫队让霍去病带得生龙活虎，队员们个个都像是一匹精壮的宝马良驹，就连卫子夫这个不懂行军打仗的女人，也体会出了他们的变化。

汉武帝当然也是看在眼里，喜在心上。

于是，三个月后的一天，汉武帝在与大臣们议事的宫殿，单独召见了霍去病。

汉武帝的意识很明显，他这是要重用霍去病了。

汉武帝正在为缺乏进攻匈奴的新军事统帅而忧虑，当霍去病生龙活虎地出现在他的面前时，他真的是欣喜若狂了。

三个多月来，日复一日，在上林苑中，在辇车旁、在殿前、在宫里，件件事儿都足以加深他对霍去病的认识。

素有知人之称的汉武帝，当然不难看出霍去病这位外戚宠儿，正是他在追击匈奴的军事战略中的一个理想人选。

然则，此刻，汉武帝最担心的，就是霍去病的军事素养。因为，一个有勇无谋的军事统帅，有时候是会断送整个大好时机的。

年青的骠姚校尉

十六七岁的霍去病已经长成了一个相貌奇伟、性格坚毅、智勇过人的青年。汉武帝很赏识他，派他做了保卫皇帝安全的侍中官。

这时，西汉王朝与匈奴的斗争已达到了白热化的程度。匈奴屡次入侵，汉武帝一改以前的和亲政策，开始了对匈奴的反击战争。霍去病的舅舅卫青几次领兵攻打匈奴，立下赫赫战功。

当然，一个卫青是远远不够的。汉武帝慧眼识珠，从战略战术上着力培养年青的霍去病。

相约的三个月期限到了，霍去病到底进步如何呢？汉武帝要验收成果了。于是，这一天，汉武帝在议政殿单独召见了霍去病。

“朕给你的兵书看得如何了？”

“没看。”霍去病只有两个字。

闻听此言，龙颜有些震怒：“为何？你可知道，这些兵书是为将者梦寐以求的宝典，包括你舅舅卫青也全仰仗于它们，你居然如此小瞧它们？”说完，“啪”的一下将手中竹简扔在桌上，正是一卷《孙子兵法》。

霍去病赶紧请罪，道：“皇上请息怒！臣并非小瞧这些兵书，实是臣认为那些兵法陈败古旧，不适合现在的行军打仗。”霍去病偷眼看皇上龙颜有些缓和，而且在认真听他说，因此，继续说下去，“臣认为，行军打仗要的是因地制宜，随机应变，正所谓法无定法，为大法者。其实，打仗要掌握时机，而时机的把握需要为将者根据战场变化观察得来，书中刻板的教条反而禁锢了人的思想。”

汉武帝心想：“哟！口气不小，不过，倒也有几分道理。”于是，汉武帝随手拿起一份奏折，说：“看下这张边境形势图，说说你的看法吧。”

霍去病接过一看，原来是高阙守将李息发来的一份奏报，内容是匈奴伊稚斜单于调动九万骑兵南下，分为三部，陈兵于代郡、定襄和上郡三地，同时，其右贤王部也调动频繁，麾下十余万骑兵也在蠢蠢欲动，但不明其真实目的。

霍去病看完奏折，心中已有了观点，于是，说道："匈奴人此次两线用兵，一虚一实，臣以为他们的真实目的乃是长安。"

"怎么说？"汉武帝一听来了兴趣。

"皇上请看，单于本部九万大军分为三股，威胁代郡、定襄、上郡三地，貌似要大举进攻，其实是虚兵。臣之所以这么说，是因为我们这三个地方驻有数万大军，且城墙坚固，不易攻下。即使九万合成一股来攻，就目前我军的实力，匈奴人也未必能占得便宜。这一点匈奴人岂能不知。自知不可为而为之，摆明了就是虚张声势。"霍去病最近一年多来，研习匈奴人的弱点、生活习性等有了成效。

"那我们如何应对？"汉武帝鼓励着。

"臣以为，右贤王所部才是实兵。他欲动未动，兵力已达十余万，这是他在刻意隐藏战略意图。只待时机成熟，他必兵进朔方。朔方城墙低矮，守兵不足，根本无法抵挡十余万铁骑的进攻。而一旦朔方失守，那么，水草肥美的河朔地区很可能再被他们夺回，且形成一条与他们东西呼应的战线。说实话，这一着，很高明啊！"

说到这儿，霍去病竟称赞起匈奴人的用兵之策了。顿一顿，然后又接着说："这仗实在是不好打。因为，打单于，右贤王则可长驱直入；打右贤王，那么，单于所部又可能虚兵变实兵，三股合力，我们同样危矣！"

"那么怎么办？双线抵御吗？"汉武帝的兴趣彻底被霍去病勾起来了。

"不可，我们不能按照匈奴人的设计走，那样只能被动。我们也要以其人之道，还治其人之身。我们也派大军向东佯动，诱右贤王部南下，然后兵分两路，一路仍向东走，另一路则折转向西，千里奔袭，迎击右贤王，在右贤王出兵之前就打溃他，或者是直接出现在右贤王的后方，打他个措手不及。如何？"霍去病一番长篇大论讲了自己的策略，待汉武帝的反应。

"确实不错。但问题是：时间、士兵的耐力都是一个严峻的考验，我们的士兵做得到吗？”汉武帝不能漏掉每一个细节。

“如果臣能接受这个任务，必能做到。”霍去病坚定地回答。

汉武帝深深地盯视着霍去病，足足有10分钟，然后汉武帝正襟危坐，说道：“霍去病，听旨。朕命你为骠姚校尉，至卫青军中，挑选八百名骁勇矫捷的骑兵归你指挥。”

于是，年青的骠姚校尉霍去病，开始正式走上了进击匈奴的战场。

第四章　六击匈奴：战略防御转为战略进攻

一次出击，四路人马唯卫青胜

春去秋来，岁月如梭，卫青在经历了少年的磨难和青年的大难不死之后，终于迎来了人生的春天。

俗话说，千里马常有，而伯乐不常有。如果说卫青是一匹千里马，那么，汉武帝当仁不让就是他的伯乐。

汉武帝即位之后，对匈奴开始由消极防御转为积极反攻。有了第一次马邑诱击战，虽然劳师无功，却获得了不少启示。

首先是发现了汉军绝大多数为步兵，机动性无法与匈奴的骑兵相比；其次是马邑设伏的战法，就如“守株待兔”，不能掌握战场上的主动权，只有出击、寻敌决战，才能真正解决边患问题；第三，也是最重要的一条，是汉军中的老将们墨守成规，战术思想保守，缺乏积极进取精神，难以适应新形势的需求。

就“马邑之谋”来说，虽然匈奴人没有进入伏击圈，但毕竟也不足百里。假如当匈奴人北撤时，能乘胜追击，也不一定就会完全失败，至少能截住匈奴人的辎重物资，打击一下匈奴人的嚣张气焰和有生力量。

然而老将王恢，虽有想法，也明知可行，却不敢出击。

因此，汉武帝为了实现他进攻匈奴的伟大计划，除了在兵员和军需方面的准备外，最主要的就是提拔一批年轻有为、英勇敢战，而又不受旧的战术思想影响的将领，并将他们置于统帅岗位，以执行他的反攻任务。

由此，年轻且“才干绝人”的卫青在这种情况下应运而出。

元光五年（公元前130年）的秋天，汉武帝突然提拔卫青为车骑将军，同时提拔公孙敖为骑将军。

这一诏令，一下子在军中引起了一场轩然大波。因为，大汉军队历来讲的是论功行赏，晋职受爵都是依军功而定的。可是卫青和公孙敖别说是军功了，就连真正的军阵都没见过，只不过是在建章营骑马、射箭，说白了，只在皇上身边混了几年就被提为上将军，这让那些老将军们情何以堪呢？

而此事的另一个敏感之处，就是外戚得宠。卫青就不必说了，是人所共知的皇后卫子夫的同母弟。公孙敖救过卫青的命，又是搭卫氏的顺风车上来的，也要算卫家的人。

没有军功就被提拔，而这提拔之人又是外戚，那唯一的解释就是靠的裙带关系无疑了。这就是当时大多数人的想法。

当然，皇上唯我独尊，皇上想提拔谁，别人再议论也是白搭。

卫青惯用的法宝就是——听不见，看不着。但是对别人的议论可以装糊涂，干事却不能糊涂。堵住别人口的最好办法，就是干出成绩来。他不能辜负皇上的支持和信任。

于是，卫青一头扎进了对骑兵的强化训练之中，并大胆地在汉军中实行改革。从马匹的改良，到弓弩兵刃的配置，从骑射技术的改进到军士马匹的饮食，卫青都一一进行了尝试。这样，不久，一支军容焕然一新的大汉骑军便出现在长安郊外的军营中。

汉武帝大喜，下令汉军全面推广。一时间，一场军事改革热火朝天地展开了。

这一日，长安郊外的旷野上，旌旗招展，战鼓隆隆，一支军容肃整的骑军正在列阵操练。随着令旗飞舞，阵列也在不断变换着……

卫青一身盔甲，横马立于军阵前，一手握着一柄钢刀，一手握着一支马戟。

卫青手中所握的钢刀和马戟，正是他为适合马战而改良的武器。新制的钢刀比传统的铁质刀要锋利，而且长度适合在马战中的抽杀砍劈。新改良的马戟比原来的长戟要短一些，但比短兵器要长一些，非常适合马上搏击。

此时，卫青凝视着前方的军阵，沉思着：养兵千日，用兵一时。一切还都是纸上谈兵，改良后的军阵和武器，能否适应塞外真正的战场，只能等待时机去检验了。其实，卫青心中也没有底，他只有一个信念：只要剑未出鞘，就得勤加磨炼。

总之，沉重的战车丢掉了，战马彪悍了，武器精良了，汉军将士雄壮威武了。大汉雄狮已经在跃跃欲试，准备振翅高飞了。

秋风瑟瑟，落叶飘零，不知不觉又已是深秋。这一日清晨，突然，在长安城东北门方向，一骑驿马携一缕尘烟飞奔而来。“上谷急报！”马上的信使手持鸿翎，飞一般朝未央宫方向疾驰而去。

“肯定是匈奴人又血洗上谷了！”

“匈奴人太猖獗了！我大汉不能再退让了！”

人们纷纷议论着……

朝堂上的汉武帝仿佛听到了百姓的呼声，拍案而起：“朕不能再忍下去了，大汉不能再忍下去了！朕决定立即对匈奴给予回击！”

元光六年（公元前129年）的春天，汉武帝组织了一次对匈奴人的用兵，共分四路，由四位将领从四个地点出发，主动寻找匈奴人决战。

第一路，由车骑将军卫青率一万骑兵出上谷；第二路，由骑将军公孙敖率一万骑兵出代郡；第三路，由轻车将军公孙贺率一万骑兵出云中；第四路，由骁骑将军李广率一万骑兵出雁门。

对这样的军事部署，唯骁骑将军李广有些想法：皇上的几名裙带新宠，竟然与我这样名满天下的老将军平起平坐，摆明了是给新人们机会。上阵打仗可不是儿戏，皇上怎么可以送人情呢？

汉武帝一眼就把老将李广的心思看穿了。当然，李广这是以小人之心，度汉武帝这位君王之腹了。

之所以四路出击，并不是送人情，维护外戚，皇上怎么可能拿自己的江山社稷送人情呢？那是因为，汉武帝对老将李广能不能适应新战术表示怀疑，对卫青等新将领，也同样心中没底。既然一切都是未知数，不如让四员大将同时出击，分进突袭，各寻目标，获胜的可能性会更大一些。况且，这次本来是一次试探之战，是为日后大规模的骑兵作战积累更多的经验。同时四路出击还有一个好处，那就是灵活机动。

于是，汉武帝对四位将帅共同作了战前总动员：“我们这次改守为攻，既是新打法，也是新尝试，对所有参战人员都是一个严峻的考验和挑战。所有的一切都将清零，一切从头开始，朕要求你们放手去试，放开去闯，闯出一条新路来！”

“诺！”四个人异口同声地领命。所有人都有着言外之意：一切就待战场上见分晓吧！

其他三路暂且不提，只说卫青率领一万骑兵，整装出发，向上谷开进。

卫青十年磨一剑，如今终于宝剑出鞘，冲着远山，卫青心中默默地喊着：“匈奴！卫青来也！”

上谷，为古幽州之地，自秦朝时就已经设立为郡。因是处于与匈奴比邻的边郡，自设立之日起就从未太平过。为了防止匈奴人的侵扰，自秦朝时就开始修筑长城，汉初又进一步加固。然而，却从未能阻止匈奴人南下骚扰的铁蹄。

卫青率骑到达上谷之时，匈奴人已经抢掠烧杀完毕，撤出了上谷。面对着满目疮痍的国土和渴盼安宁的百姓，卫青心里久久不能平静。

当天傍晚，卫青就迫不及待地登上了长城。伫立在长城之上，眺望着无垠的塞外旷野，卫青才深切地感受到了此次任务的艰巨。

匈奴人以天地为家，居无定所，虽有长城，但也不能很好地阻止匈奴人南下的脚步，只有主动出塞迎击，拒敌于千里之外，才是最好的防御。

然而，匈奴人，现在又在哪里呢？

龙城，只有龙城，才是匈奴人的固定之所。因为，龙城是匈奴人的祭天之所，每年的五月，匈奴人都要会聚在龙城，祭其先祖和天地鬼神。龙城是匈奴人的圣地，无论怎么迁徙，祭天的圣地一定是不会丢弃的。即使是在平日里，也至少会有千百名将士在驻守。

这一点，卫青在出发前就已经略有耳闻，到了上谷后，从守城将士的口中也证实了。然而，龙城位于匈奴的心腹之地，距上谷往返有千里之遥。千里奔袭，无异于千里奔死啊！不入虎穴，焉得虎子？这一使命，除了卫青，还能有谁担得起呢？

穿过草原，一马平川的辽阔草原渐渐地展现在眼前了。卫青在心中暗暗赞叹：只有这方水土，才会滋润出剽悍的匈奴铁骑啊！

对于这次千里奔袭，卫青做了多种准备，包括向导、面对突发状况的应对策略，甚至还让将士们准备了匈奴人的服装和旗帜……

天苍苍，野茫茫，一望无际的大草原上，匈奴人在尽情地歌唱，享受着他们在所向无敌的东征西讨中掳掠来的财物，然而，欠债是终究要还的。在大草原上尽兴而歌的匈奴人，此时做梦也没有想到，一支万余人的汉军铁骑，正悄悄地走进了他们的心脏。

龙城就在眼前，卫青全身一震，振臂高呼："弟兄们，建功立业，扬我大汉国威的时刻到了！吹响号角，擂起战鼓！打起我们的大旗！冲啊！"卫青左手持剑，右手拿刀，一马当先地冲在最前面。

"冲啊！"上万个声音汇成一股洪流，大汉铁骑风驰电掣般扑进了龙城……

二次出击，三万铁骑出雁门

匈奴，这个马背上的游牧民族，向来是居无定所，射猎为生，率性而为，勇猛强悍，在广阔的天地间自由自在地繁衍生息。

然而，由于匈奴在日常生活上所需要的酒、谷和缯絮，都无法自己生产，所以必须取自于人。

数十年前，匈奴人在骁勇无敌的冒顿大单于的率领下，东破东胡，西退月氏，南并楼烦、白羊河南王，尽服北夷，建立了一个前所未有的强大的匈奴王国。特别是，通过“白登之围”后，匈奴迫使汉朝不得不采取和亲和赠物的政策，与他们保持虚假的和平。尽管如此，因为汉朝每年所赠送的数量不够分配，所以，他们就定期或不定期地进行烧杀劫掠。

慢慢地，匈奴人的骄傲在滋长，劫掠也似乎成为一种习惯。

然而，不可一世的匈奴人并不知道，灭顶之灾的种子，早已在一次次南下骚扰中悄然种下了。长城之内那个曾屡屡被他们的铁蹄征服的冠带之国，那个繁荣富庶取之不尽的粮仓宝库，已在悄无声息地进行着蜕变……

同时，匈奴人自己，也早已由冒顿单于的鼎盛时期，衰败为步调不统一的军臣单于时代。但是，无论如何，龙城，这个匈奴人在草原上筑起的祭祀之城，一直是匈奴人不离不弃的圣地。

公元前129年的一天，留守圣地的千余匈奴人，正围着篝火饮酒弹唱，享受着大后方的安静与舒适，而大单于派出左贤王和左大都尉率领主力铁骑，奔赴雁门，前去围攻出塞的汉军。

留守的匈奴人，一边享受着野味美酒，一边嘲笑着汉军的另三路人马已经被吓回去了，就在此时，汉军却仿佛从天而降。毫无防备的匈奴人还没有看清汉军大旗上那个大大的“卫”字，就已经做了刀下之鬼。

一马当先冲到祭台前的卫青，冲着追杀逃兵的汉军将士喊道："弟兄们，不许恋战！速战速决！"

卫青所率的一路铁骑，仿佛从天而降，然后，又如一阵风似的离开了匈奴人的圣地龙城，丢下了祭坛上孤零零的残杆和草地上横七竖八的数百具尸体……

从此，匈奴不可战胜的神话被打破了！匈奴人的天，已经被汉朝大军捅漏了，那么，匈奴人还有何惧？

因此，后世王昌龄有《出塞》诗云：

秦时明月汉时关，万里长征人未还。

但使龙城飞将在，不教胡马度阴山。

这次用兵，汉武帝分派四路铁骑，各领万骑出击，可结果却大相径庭。

车骑将军卫青出上谷，袭击了匈奴的圣地龙城，歼敌七百，取得了龙城大捷，充分显示了卫青的将才，使他初露锋芒。

而其余三将，或无所得，或损失过半。

骑将军公孙敖从代郡刚一出塞，就遇到了匈奴大军，所率万名铁骑一下子被冲得七零八落，一万人折了七千。

骁骑将军李广，从雁门出兵，刚一出塞就碰上了两支匈奴主力骑兵，李广率军力战不敌，全军覆没，李广自己也战败被俘。在押解途中抢马夺弓，好不容易才逃回本军。

轻车将军公孙贺从云中出塞，未遇到匈奴人，虽无功而返，却也是全身而退。

总之，在这一次出兵过程中，四路大军出塞，两路失败，一路无功而还，尤其离谱的是老将李广竟然还被匈奴所虏。反而是第一次出塞领兵的"骑奴"卫青，出上谷直捣龙城，斩敌七百。

由此，卫青一战而成名，立即受封关内侯。要知道，在汉代，关内侯可是二十级爵位中的第二级，仅次于列侯了。

胜则赏，败则罚，这是汉朝的法律。任你从前是不是功勋卓著，只要吃一次败仗，也同样重罚，一点儿不留情面。为此，战败的老将李广和公孙敖被贬到了廷尉署听候发落。

这时，卫青向汉武帝为李广和公孙敖开脱，说道："如果不是二位将军牵制住了匈奴人主力，卑职也无法取得胜利。特别是老将军李广，是为盛名所累，遭遇强敌，希望皇上能网开一面……"

接下来，卫青把在上谷时，百姓对李广将军的欢迎和期待详细进行了禀报。

汉武帝听后，深深地盯视着卫青，然后说："真仁义也。"

卫青的军事天才和人品，都使汉武帝对他刮目相看。从此，汉武帝屡屡派卫青出征，卫青也不负期望，战功累累。

可以说，龙城之战在汉匈交战史上具有划时代的意义。

汉朝自高祖刘邦建汉以来，屡屡受到北方匈奴的掠夺羞辱，作为游牧民族的匈奴，几乎把农耕为生的汉朝当成了自己予取予求的库房，烧杀掳掠无所不为。如高祖"白登七日"之困，吕后受冒顿单于书信之辱，孝文帝十四年匈奴十四万骑大入关，斥候一度略至长安附近的甘泉，以及匈奴频频对汉朝边郡和百姓的烧杀劫掠……

面对这样的局面，长城内的王朝，却从秦以来就无力从根本上改变，胜利的时候极少。秦时，只能寄希望于修筑长城进行消极防御，而汉朝在景帝以前，却以和亲以及大量的"陪嫁"财物买来暂时的相对平安。

雄才大略的汉武帝，希望改变这样的局面，而他很快就在身边找到了和自己志同道合的人——卫子夫的弟弟卫青。

卫青在龙城的胜利，打破了自汉初以来"匈奴不可战胜"的神话，大大鼓舞了汉军士气，成为汉匈战争的转折点，为以后汉朝的进一步反击打下了良好的人心基础。

然而，汉武帝和卫青都非常清楚：仅仅是一次突袭的胜利，不可能使匈奴人停止侵扰的铁蹄，相反，还可能为了报复而变本加厉。因此，卫青根据第一次出征所掌握的情况，针对自己不足，加紧进行练兵，以备再战。

果然，有边境战况传来：雁门、代郡、渔阳、右北平、辽西都告危急，辽西太守被杀，韩安国被困……面对危急，汉武帝重新启用老将李广出任右北平太守。

此时，汉武帝和卫青又想到了一起——河南地。

黄河河套以南地区，水草肥美，地势优越，历来都是兵家必争之地。一方面，这片河南之地，正对着长安，距关中只有七百里。另一方面，河南又是阴山南麓的屏障，而目前，匈奴主力都在阴山南麓附近。

可以说，匈奴骑兵越过河南之地，两天之内就可长驱直入，兵临长安城下。相反，如果能一举拿下河南，匈奴主力所在地就一下子暴露出来，那么，汉军不仅可以解长安之危，巩固整个北方边防，还能将河南作为进一步深入阴山和大漠的基地。这样，汉匈对阵中的战场形势就大不一样了。

于是，元朔元年（公元前128年）的秋天，汉武帝派卫青领三万骑兵出雁门，同时，派李息从代郡出塞进行接应。

这是卫青的第二次出击，目的主要有两个：一是解雁门之危；二是探探河套之路，为下一步全面进击河南，做战略上的准备。

雁门关，又名雁门塞、西隆关，位于山西省代县。雁门正处于群山起伏、沟壑纵横之间。雁门，东临隆岭、雁门山，西靠隆山，两山对峙，形状宛如一处热闹城门，每年大雁往飞其间，故称雁门。雁门内外，两侧峰峦叠嶂，怪石凌空险恶，自古就是兵家必争的咽喉要道。早在春秋战国时期，赵武灵王就在此置有雁门郡。

卫青率领三万大军到达雁门时，有雁门都尉报告：前来进犯的匈奴人，都是来自黄河河套的白羊王、楼烦王所部。最近，他们盘踞在雁门山外的丛林里，多次骚扰大汉边民。

“既然知道匈奴人的盘踞地，为什么不出塞回击？”卫青闻听后回问道。

雁门都尉一听面现惧色道：“出塞？雁门守军仅仅是防御就已经是疲于奔命了。况且，塞外山势险峻，丛林密布，敌在暗处且又游踪不定，如果我们一出塞，还未找到他们，就会被他们包围暗算了啊！”

卫青一愣，心想：冰冻三尺，非一日之寒。长久以来，汉军一直都是固守着长城防御，不敢轻易出塞回击。可是，号称天下九寨之首的雁门，也从未能挡住匈奴人南下的铁蹄。汉军必须要走出长城去，主动出击，才可能使边境真正太平。

想至此，卫青按了按宝剑，热血上涌，今夜他卫青就要再一次出塞，当一次先锋。对，兵贵神速，出塞，就在今夜。

夜幕下的雁门山，静幽深邃，山风吹过，树木石头窸窣作响，更显得阴森恐怖。此时，在山的尽头的一片丛林中，燃起了一堆堆篝火，篝火旁支起了一顶顶帐篷，匈奴人满面红光地正在尽情地享受着他们的战利品。暗夜里，那一堆堆篝火，星星点点地，仿佛是一盏盏的指路明灯，卫青率领着三万精骑，直奔篝火而来。一阵困意袭来，酒足饭饱的匈奴人，放肆地大脱大睡，只待明早带着战利品起程回归本部了。

实话说，三万精骑奔驰而来，不会走就会骑马的匈奴人，怎么能听不出马蹄的声音呢？然而，匈奴人怎么也没有想到：汉军会敢出塞，而且还是在这样的暗夜里。毕竟，汉军不敢出塞已经很久了……

三次出击，历史空前的远征

汉元朔元年（公元前128年）秋天，卫青率三万精骑，在晚间出雁门，直驱入来犯之敌的宿营地，斩首数千人，并活捉白羊王相国等人，这是卫青的第二次出击，再一次完胜匈奴。

然而，战斗远没有结束。

完成了第二次进击之后，卫青直接清点出几百精骑，迅速穿戴上匈奴俘虏的裘皮和尖帽，带上此前由李广将军所俘获的匈奴降将赵信，一路向黄河奔去。

去看看黄河，去走走当年秦将蒙恬出塞收复的河南之路，是卫青在第二次出击之前就考虑好的。因为，歼灭来犯的匈奴人不是最终目的，卫青的目标是进攻久为匈奴盘踞的黄河河套地区，所以，他特地把熟识此路的赵信带在了军中。

此时，乔装后的卫青与百余精骑，站在了黄河北岸，对面就是匈奴白羊王和楼烦王盘踞的河南地。

黄河南岸，是黄河冲积而成的河套平原。这里，肥沃的草原一览无余，苍穹碧野，帐篷点点……早在秦朝时，蒙恬将军就已收复了这块土地。但是，在楚汉相争之际，匈奴人又趁乱夺取。如今，河南已成了悬在都城长安头顶上的一把利刃，匈奴人以此作为进犯中原的跳板，随时都能打过黄河，骚扰大汉边郡，甚至直接威胁到都城长安。

卫青灼灼的目光一直扫视着黄河两岸。宽阔的河面上有一座断桥，支离破碎地受着河水的冲击。向导赵信告诉卫青：那就是蒙恬将军所架的渡桥。旧桥已毁，前面不远处已经建有新桥。

“看来前人走的路已走不通，需要另辟蹊径了！”卫青自言自语地说着，然后又看着赵信，说："如果我大汉铁骑穿越高阙，一路沿着黄河向北，插到背后将河套草原包围，如何？"

赵信惊道："那怎么可能？高阙以北是右贤王的大本营，黄河沿岸也有许多散落的匈奴部落，大汉铁骑怎么能在匈奴人的眼皮底下安然通过呢？"

"哈哈——"，卫青大笑着，然后低声对赵信说："最不可能的路却往往最安全，这就叫出其不意！"

此时，一个完美的计划似乎已经在卫青心中慢慢形成了。

当第二次出击后班师回朝时，卫青的英名已经在长城内外远播开来。然而，卫青并没有就此满足，而是积极地在策划下一步的行动。从如何封锁消息，以利于秘密行动，到捕捉匈奴暗哨巡骑，寻找可靠的向导，再到了解水草位置，以及解决大军供给等，卫青都详细周到地进行了策划。

万事俱备，只待东风。

汉武帝元朔二年（公元前127年）春，冰雪消融，大地复苏，生机萌动。长城之外的匈奴人，虽然占据着广袤的大漠草原，但比起长城之内的汉地，他们的生存条件要艰辛得多。匈奴人那率性而为的心，又蠢蠢欲动了。于是，处于边境的渔阳、上谷两郡，又成了匈奴人瞄准的目标。

这时，车骑将军兼关内侯卫青，求见皇上。

"皇上！匈奴人的几支主力目前都聚集在东线方向，西面防守必定空虚。我们若乘虚而入，可一举收复河南，如何？"卫青躬身禀报。

君臣相伴日久，已不需要太多的语言，汉武帝闻听卫青所言，鼓励着他继续说下去，因此，只接了句："具体说说看。"

"臣欲出云中，沿黄河北岸一路向东，行至高阙将右贤王部隔断，再大迂回一路向南插进，至灵州处有一黄河浮桥，我们可过桥到河南，插到背后将白羊王和楼烦王围而歼之。"卫青受到鼓舞，继续说道。

汉武帝当然知道：这是一次远距离的侧敌进军，随时有受到右贤王侧击的可能。所路经之地，大部分是从未有人走过的沙漠、草原，行军的艰苦可想而知。同时，要从一侧压迫河南匈奴军于河套而歼灭之，更需行动隐秘、迅速……

"朕全力支持。需要朕来做的，你直言。"此时，汉武帝已经下了发动河南战役的决心。

卫青精神一振，上前一步说道："出征前，希望皇上能大张旗鼓地替臣饯行，场面越隆重越好，让全长安城的百姓都知道臣率军去渔阳、上谷。另外，臣请皇上授臣便宜行事之权。"

"很好！朕就授你便宜行事之权。"汉武帝点头道，"朕将派老将李息将军休整待命，待你赶到云中时，统归你指挥。另外，朕再派老将李广，率右北平之兵去救渔阳和上谷之危，尽力拖住匈奴主力，为你的'迂回侧击'战术的成功，减少障碍和压力。"

卫青将统率大军开赴渔阳和上谷的消息，立即在长安的大街小巷传开了。

汉武帝亲自为大军饯行。"大汉必胜！吾皇威武！……"雄壮的口号回响在长安的上空，当然，也传到了匈奴单于的议事大帐内。匈奴人也在紧锣密鼓地商议着应对之策……

卫青率三万大军，从长安向东北边郡出发了。

此时，除了卫青，只有汉武帝知道：这有可能是汉军对匈奴的第一次大战役，也可能将是汉匈战争史上一次空前的远征。

汉朝大军行进速度之快，令跟踪打探消息的匈奴人密探都咋舌了。

汉军马不停蹄，这一日进入了太原郡地界。卫青令大军在太原郡城外的一处空地，埋锅造饭，点篝火，支帐篷，就地休息。

吃饱喝足之后，卫青传令所有校尉以上军吏到将军帐议事。人员到齐后，卫青说道："此行是去云中，而不是上谷。是夜子时出发，动静越小越好。帐篷、旗帜等留在原地，不响军号，不打旗帜。明白了吗？"

"清楚了！"众将应道。

这样，当太原郡内的人们，包括跟踪的匈奴密探发现城外的大军宿营地已是空无一人时，哪里还有卫青大军的踪影哟！

卫青与李息将军在云中合兵一处，四万大军原地待命，而校尉以上军吏的战前议事会迅速召开，卫青郑重宣布："我们此行的最终目标，是要歼灭白羊王和楼烦王，一举夺下河南！"

将帅们交头接耳地议论着，卫青抬高了声调，将此行的大致情况进行了简单的介绍，并且鼓励将士们要同心协力，共建奇功！将士们群情振奋起来了。

最后，卫青目光如炬，命令道："苏建！令你率三千骑，先渡过黄河，埋伏在高阙塞，等候烽火号令。切记！烽火号令一起，先将通往河南的所有黄河浮桥烧毁，截断河南与右贤王部的联系。"

"诺！"苏建领命。

卫青接着命令道："张次公！你率三千骑出云中之后，即埋伏在黄河边上，等烽火令一起，将这边所有黄河浮桥都烧毁，截断河南与匈奴单于庭的联系。"

"诺！"张次公领命。

卫青又叮嘱两人道："记住，全体将士出塞时，都要穿着匈奴人的衣服，打着白羊王部的旗帜，多带些会说匈奴话的向导，务必想尽一切办法隐蔽自己，切勿过早打草惊蛇。"

"请车骑将军放心！"苏建和张次公异口同声地回答。

卫青又转向李息，道："请李将军暂时坐镇云中，打着我卫青的旗帜大张旗鼓地出塞，迷惑住敌人，为我大军的行动争取时间，待到烽火号令一起，再请李将军率部出云中，向白羊王和楼烦王部发起进攻。"

"末将愿听车骑将军调遣！"李息应道。

"余下诸位，随同我一道出云中，飞兵南下，西绕到匈奴军的后方，迅速攻占高阙，实行进军两千余里的一侧大圈转包围……行进时，不打旗帜，夜间不许点火把。即刻准备，子时出发！"

一轮皓月当空，卫青率精骑沿着崎岖的山道，摸黑前行。朝阳升起时，卫青率精骑沿河套飞速前进。遇有小股侦骑兵，一阵短兵相接，全歼后继续前进。过高阙后，沿着黄河一路向南行进……

在灵州界内，一座黄河浮桥出现在眼前，过了河，成功地绕到了白羊王与楼烦王部的背后，形成了对白羊王、楼烦王的包围。

烽火一起，按照卫青此前的部署，汉军两面夹击，一起发动进攻。一时间，火光冲天，杀声阵阵。白羊王、楼烦王两王见势不好，仓皇率兵逃走。

河南一役，汉军沿着黄河大迂回，驰骋两千余里，活捉匈奴兵数千人，夺取牲畜数百万之多，完全控制了河套地区。

此仗汉军“全甲兵而还”，卫青立有大功，被封为长平侯，食邑3八百户。而苏建、张次公是以校尉身份跟从卫青，也立下了战功，因此，分别被封为平陵侯、岸头侯。

可以说，此仗既达到了收复河南、聚歼白羊、楼烦王所部的战役目的，同时，也显示出了卫青指挥一个较大战役的卓越才能。

此后，因河套一带水草肥美，形势险要，汉武帝便在此修筑朔方城，设朔方郡、五原郡，从内地迁徙十万人到那里定居，还修复了秦时蒙恬所筑的边塞和沿河的防御工事。这样，不但解除了匈奴骑兵对长安的直接威胁，也建立起了进一步反击匈奴的前方基地。

四次出击，直趋右贤王的王庭

在卫青发起第四次击匈奴之前，匈奴人的主力是完好的，所以，不甘心在河南地的失败，匈奴在几年内又多次出兵反扑，而且还相当激烈。

据不完全统计，在短短的两年内，匈奴人侵扰所动员的兵力大约在二十万骑左右，所杀掠汉朝上万人。侵扰的地区之广、次数之多，更属空前。

有数据显示：

元朔三年（公元前126年）夏，数万骑兵攻代郡，杀太守共友，掳掠千余人。

同年秋季，入雁门，杀掠千余人。

元朔四年（公元前125年），匈奴又分别派三路铁骑，各率三万骑，攻入代郡、定襄、上郡，杀略数千人。

匈奴右贤王数次侵扰汉朝边境，进入河南，侵扰朔方，杀掳士兵和百姓无以计数。

匈奴人之所以如此难缠，原因是多方面的。

首先，匈奴人改朝换代了。

此时，军臣单于已死，其弟弟左谷蠡王伊稚斜自立为单于，并进攻军臣单于的太子于单。于单战败后逃入汉朝，引起伊稚斜单于迁怒于汉朝。其实，也是为自己的侵略找个借口。

其次，匈奴人不甘心失败。

黄河河套地区，是十分肥沃的河南地，此前是匈奴右贤王、楼烦王所长期控制的防地。卫青收复河南时，匈奴右贤王、楼烦王逃脱，他们肯定不会善罢甘休的。因此，夺回河南地，挽回在经济上的重大损失，也一定是右贤王、楼烦王两王最想要做的。

卫青在第三次出击匈奴中，收复了冒顿单于时所侵占的河南地。汉武帝就把这块新收复的地方置为朔方郡，并派卫青的部下苏建担任建筑朔方城的任务。由此，朔方郡既是都城长安的一道安全屏障，也是进击匈奴的前沿阵地。

一时间，朔方城成为汉匈争夺的焦点。

元朔五年（公元前124年）春，为了确保新收复的朔方郡，汉武帝对匈奴右贤王庭，实行犁庭扫穴似的军事行动。

右贤王是单于伊稚斜的心腹，也是单于的一条右臂。斩断这条右臂，必将重挫伊稚斜单于的锐气，从而将匈奴分为东西两段，这样，战争的主动权就掌握在汉军的手中。

汉武帝命卫青为车骑将军，亲自率领三万骑兵出高阙。

高阙之名称的由来，极富地域特色。阴山山脉至内蒙古杭锦后旗东北部就此中断，形成一个缺口，远远望去，宛如一个高高的门阙，因此，得名高阙。

卫青手下四将军分别是：游击将军苏建、强弩将军李沮、太仆公孙贺为骑将军、代相李蔡为轻车将军，四路俱出朔方。此外，汉武帝还派了大行李息、岸头侯张次公为将军，率兵从右北平出发，任务是配合卫青的攻击行动，并且截断右贤王与匈奴单于的联系。

卫青的目标是直趋右贤王的王庭。

虽然右贤王已经听说了汉朝派兵出击，但是他认为汉军离得很远，一时不可能到来。然而，右贤王真的错了，他太低估卫青和汉军铁骑的能力了。

卫青率大军急行军六七百里，趁着黑夜，如从天而降似的包围了右贤王的营帐。

而此时，右贤王正在帐中拥着美妾饮酒。忽听帐外杀声震天，火光遍野，右贤王惊慌失措，只带了爱妾和几百壮骑向北逃去。

汉军追了数百里都没追上，可见右贤王逃跑的速度还是不一般的。

剩下来的右贤王的裨王十余人，男女15000余人，牲畜达几百万头，都做了汉军战获。

当然，这又是一次空前的大胜利。

汉武帝接到战报，喜出望外，派特使捧着印信，到军中拜卫青为大将军，加封食邑8700户。

卫青的三个儿子都还在襁褓之中，也被汉武帝封为列侯。其中：卫伉为宜春侯，卫不疑为阴安侯，卫登为发干侯。均食邑1300户。

卫青受宠若惊，谦逊地谢恩："我军胜利，全是将士们拼死奋战的功劳。皇上已加封了我的食邑，而我的儿子们年纪尚幼，毫无功劳，陛下却分割土地，封他们为侯。这样是不能鼓励将士奋力作战的。"

"朕当然不会忘记诸校尉的功劳，同样也会嘉赏的。"汉武帝说道。

随后汉武帝又封赏了随从卫青作战的部将——

护军都尉公孙敖封合骑侯。

都尉韩说封龙额侯。

骑将军公孙贺封南窌侯。

轻车将军李蔡封乐安侯。

校尉李朔封陟轵侯。

校尉赵不虞封随成侯。

校尉公孙戎奴封从平侯。

将军李沮、李息，校尉豆如意，中郎将绾等人皆有功，赐爵关内侯，沮、息、如意食邑300户。

这次，在卫青的指挥下，汉军进行了一次非常出色的远程奔袭。

十余万骑的大军，出塞六七百里，秘密迅速，做到了完全出敌意外，而且情况摸得很准，真可谓是"飞将从天而降"。

到达目的地后，卫青又十分果断而迅捷地展开兵力，四面合围，也是胜利的关键因素。

总之，此役打得干脆利落，的确很出色、很成功。

此时，可以这样说，卫青的指挥艺术已经成熟，已掌握了在沙漠草原地带、在正面广大纵深中，以大骑兵集团捕捉和歼灭敌骑兵集团的要领。

卫青已经直趋了右贤王的王庭，那么，到达匈奴单于的本部，还会远吗？

五次出击，担任大将军后的首战

汉武帝元朔六年（公元前123年）春，卫青第五次出击匈奴，出发地点是定襄。任务是寻找匈奴单于主力，以便与之一决雌雄。

此时，汉朝已是汉武帝的壮年时期，经过近七十年的休养生息，汉朝的经济实力大大增强，对匈奴从战略防御转为战略进攻。而此时的匈奴人，已是处在了伊稚斜单于时期。可以说，匈奴的国力，因卫青领衔的汉军的打击，已经由盛转衰。

有人做过这样的一个对比。

冒顿自立为单于的时间，大约和汉高祖刘邦在同一时期。也就是说，和汉武帝刘彻隔着六位皇帝的时间点。从在位时间上看，冒顿单于要早于汉武帝刘彻三十余年。

就功绩而论，冒顿和汉武帝可以堪称东亚史上的双杰；就才略论，两个人不分伯仲；就武功论，两个人也是旗鼓相当。

话说此时，已是汉武帝元朔六年（前123年），卫青已是大军统帅了。

可以说，这次出击，既是汉武帝进一步实施进攻匈奴的计划，也是卫青在担任大将军后的首次作战，当然也是卫青首次向匈奴单于所率的精锐部队的挑战。

这一次，将领的阵容是这样的。

卫青为大将军。

太仆公孙贺为左将军，翕侯赵信为前将军，合骑侯公孙敖为中将军，卫尉苏建为右将军，郎中令李广为后将军，左内史李沮为强弩将军。

六路大军，统归大将军卫青指挥，浩浩荡荡，从定襄出发，向北进数百里。

定襄，春秋后期属晋。战国时，公元前497年以后属赵氏晋阳邑辖。不久，析晋阳置狼猛，定襄属狼猛邑管辖。秦时，狼猛邑属太原郡。西汉时，析狼猛邑置阳曲县，属太原郡。

定襄土地肥沃，气候温和，东、南、北三面环山，中部和西部为平川，形如簸箕。最高峰为柳林尖山，海拔2101米。西部和中部为忻定盆地。境内主要河流滹沱河，由西向东横贯全境。

此次卫青率军从定襄出击，与前几次是有所不同的。

不同之处大概在于：

一是此前卫青的作战策略大体上是采用奇袭战，以出其不意制胜。

二是此前卫青是无名小辈，匈奴人的关注焦点都集中在老将李广等人的身上，而对卫青的针对性不强，使得卫青的出其不意之计得以实现。

三是此前匈奴人算准了汉军的软弱可欺，知道汉军不敢出塞，因此，胆敢在汉朝的边郡恣意妄为，大脱大睡。这样，也使汉军很容易就寻找到目标。

然而现在，卫青的声名远播，匈奴人闻听卫青大名，早已逃之夭夭了。

因此，卫青此次率大军从定襄出塞，并未寻找到单于主力，只是找到了匈奴人的小股部队，斩匈奴人首级数千级而回。

这样，卫青担任大将军的首秀完成了，但定襄出击却是刚刚开始。

班师之后，因为准备于最短时间内再度出击匈奴单于所率部队，卫青就将所率的十余万骑，分别驻扎于定襄、云中、雁门等地休息待命。

值得一提的是，此战中，追随卫青出征的将领中有两个值得注意的人物：

一个是从西域归来不久的张骞，另一个是年轻的虎将霍去病。

张骞，他在第一次出使西域期间，曾经滞留匈奴十余年，因而变成了一个“匈奴通”。他知道匈奴人的国情与兵力，更学会了匈奴人的语言以及如何在沙漠上寻找水源的技能。

张骞是一位能文能武的外交人才，汉武帝为表彰其功绩，封他为博望侯。身为博望侯后，极富报国热情的张骞，又以校尉的名义随军出征，用自己的技能为军队寻获了水源、草场，使大军免受饥渴，为大军深入匈奴腹地贡献了力量。可以说，他虽然可能没有亲自挥剑杀敌，却胜似斩获百千兵卒。

六次出击，寻找匈奴单于主力

元朔六年（公元前123年）四月，卫青所率汉军在定襄休整一个月后再次出塞，这是卫青的第六次出击匈奴。

卫青率六将军再出定襄，就卫青个人来说，他是极希望能和匈奴伊稚斜单于所统率的匈奴主力遭遇的，却偏偏是苏建率领的三千骑兵遭遇了匈奴主力。

右将军苏建部的兵力十分单薄，与前将军翕侯赵信的兵力合并起来，也只有三千骑兵，并且还和其他各部都失掉了联系，而他们遭遇的是伊稚斜单于的上万主力。经过一天多的苦战之后，汉军损失惨重。

赵信原是匈奴的一个王，投降了汉朝之后被封为翕侯。赵信看到他和苏建所率的三千骑兵已经损失惨重，生怕汉武帝降罪，匈奴人又引诱他投降，赵信便又临阵倒戈，率领他尚余下的约八百骑奔降单于。

赵信的投敌，将苏建更逼到了绝境，在苦战一天后，苏建部全军覆没，只有苏建自己突围逃回。

卫青第六次进击匈奴，卫青本是奔着袭击单于本部而去，却未捕捉住匈奴主力，但也斩获了一万余人。加上第五次的出击，大将军卫青两次出定襄，领十万骑兵扫荡漠南伊稚斜单于大本营。共歼敌19000千人。

因此，大将军卫青获赏千金。

汉朝军规，历来赏罚分明。在是否杀苏建以立大将军威的问题上，卫青没有独断专行，而是先交由大家讨论。于是，军内便有了分歧。

有人说：兵法讲“小敌之坚，大敌之擒也”，苏建遭遇单于主力，以少敌多，苦战到全军覆没也没有贰心，不该被杀。

周霸则说：“大将军就任以来，还未杀过裨将。杀苏建，正是以立威大将军的时候。”

卫青立刻否决了周霸的话，说：“我以天子殊宠为大将军，不患无威，虽然有权力，但也不敢擅自专权。我看，还是把这事交给皇上定夺吧！”

于是，卫青命人用囚车，将苏建押回长安。果然，汉武帝据实情，释放了苏建，只是废为庶人。

在汉代有以钱赎命的法律。卫青当场不杀，就相当于饶了苏建。而以囚车交给皇帝来处理，又尊重了汉武帝的最高裁决。这样，各留了一半，可以说，此事处理得恰到好处。

再者说了，苏建本是卫青的老部下，从当校尉开始就追随在卫青左右直至封侯。同时，苏建又在建造朔方城的时候，立下了汗马功劳。在漠南，在意外遭遇敌军主力的情况下，仍奋战一天不降，可见苏建乃是忠勇之士。

如果，卫青真的为了所谓的“立威”，就杀了这样的将军，那才真的令人齿寒了。

说到苏建，在这里不妨说一说苏建之子苏武。若论在后世的名气，因“苏武牧羊”而载入史册的儿子苏武，比其父亲苏建名气要响亮得多。

无论如何，苏家父子在节操方面必须给他们点一个大大的赞。

苏武早年凭着父亲的光环被拜为郎，此后升至栘中厩监。天汉元年（公元前100年），苏武拜为中郎将。

此间，汉朝和匈奴的关系时好时坏。匈奴政权的新单于即位，尊大汉为丈人。汉武帝为了表示友好，派遣苏武率领一百多人出使匈奴，持旄节护送扣留在汉的匈奴使者回国，顺便送给单于很丰厚的礼物，以答谢单于。

不料，就在苏武完成了出使任务，准备返回时，匈奴上层发生了内乱，苏武一行受到牵连，被扣留下来，并被要求背叛汉朝，臣服单于。

匈奴贵族多次威胁利诱，欲使其投降。后来将他迁到北海（今贝加尔湖）边牧羊，扬言要公羊生子方可释放他回国。

苏武历尽艰辛，留居匈奴十九年持节不屈。至始元六年（公元前81年），方获释回汉。此时，派苏武出使的汉武帝已去世。

苏武活到八十多岁病逝。

苏武去世后，汉宣帝将其列为“麒麟阁十一功臣”之一，彰显其节操。

由此，“苏武牧羊”的故事也流传开来。

跟过卫青的部将，包括淮南王“八公”中的伍被，以及出使过长安的谒者都说：大将军才干绝人，众将皆乐为大将军所用。

有“淮南第一剑客”之称的游侠雷被，也曾主动请求想跟随大将军卫青打匈奴。由此可见，卫青身为大将军，的确是不患无威的。

可以说，卫青以他的方式，不仅立了大将军威，而且也留住了人心，不至于让那些拼死不降的忠贞之士寒心。

纵观汉朝与匈奴的恩恩怨怨，匈奴之所以不能和汉朝和平相处的原因虽然是多方面的，但是足能增加匈奴人的侵掠机会和效果的，是汉初的许多叛将。

那些人在投降匈奴后，甘心作匈奴侵掠汉朝的向导或谋主。这类人物，有汉高祖中期的韩王信、赵利、王黄，以及在汉高祖晚年时造反的代相陈豨和燕王卢绾。

最能帮助匈奴人侵掠汉朝的是汉文帝时的宦者中行。他在公元前174年，被汉文帝派往匈奴护送和亲公主去给老上单于当阏氏。这个人是燕国人，他先是声明不愿意担任护送公主到匈奴的任务，朝廷勉强让他去，他便郑重宣称：“必我行也，为汉患者！”果然，他到匈奴后就投降了，做了匈奴侵掠汉朝的谋主。他把汉朝的许多国防秘密泄露给匈奴，大大地增加了匈奴内侵的机会和效果。

对于赵信，更是令人无语了。

赵信先是由匈奴投降了汉朝，应该说，卫青在第三次出击夺取河南地的时候，赵信是起了很大作用的。而当卫青第六次出击时，他便又由汉投降了匈奴。投降比变脸还快，真是没有任何节操可言了。

因为赵信完全洞悉汉武帝进攻匈奴的计划，匈奴单于便把他看作是对付汉兵的一个军事顾问。在王位和美女的引诱下，赵信便建议单于把主力北移，引诱汉兵深入漠北，以增加汉兵行军和作战的困难，而匈奴则借此以逸待劳，战胜汉兵。

这个建议立即被匈奴单于采纳了。

从此，汉军的任务由“进击”演变成“追击”。这样，对讨伐匈奴的汉朝军队和将帅的素质都提出了新的要求。

在军队素质方面，需要一种“运动力”和“攻击力”更强的部队。在将帅素质方面，也需要更年青、更勇敢的天才军人！

第五章　追击匈奴：霍去病名扬天下

骠姚校尉，智勇双全取食于敌

当舅舅卫青征战沙场时，外甥霍去病也在一天天长大。

甚至，忙于抗匈事务中的卫青都没有想到，他推荐到皇上身边担任侍中的外甥霍去病，因为自身的努力，再加上皇上这位伯乐的刻意培养，就要上战场了。

元朔六年（公元前123年），霍去病18岁。

素有识人之称的汉武帝，看到生龙活虎的霍去病出现在面前时，欣喜若狂。不是因为霍去病是外戚，而是因为霍去病正是对付匈奴的又一个理想的军事将领人选。

元朔六年（公元前123年）的一天，卫青正在着手准备漠南之战。此时，刚满18岁的霍去病主动向汉武帝请缨："恳请皇上批准末将随大军出征。"

于是，霍去病被汉武帝任为骠姚校尉。

"骠姚"，是一种劲疾之貌，又或者是"票鹞""骠姚""嫖姚"等，所以，霍去病又被称为霍骠姚。

其实，汉武帝之所以任命霍去病为骠姚校尉，正是象征着霍去病平日的作风的。就像当年看好卫青一样，他也看好了霍去病。

为此，汉武帝特别诏令大将军卫青：挑选一部分最精锐的骑兵，拨归霍去病指挥。

于是，霍去病奉诏来到了大军中，按照他自己的喜好挑人选人了。

皇上下诏谁敢不执行呢？卫青也便通知各部，任由霍去病挑选。

说实话，作为舅舅，卫青认为霍去病此时还是小孩子心态。

虽然知道霍去病善骑射，因为那是卫青教的，也是卫青考的，凭这一点，在皇上身边当侍中还可以，但是，如果说让他率精骑上阵杀敌，他还太小了一些，毕竟他还不到18岁。

况且，对于读书、研习兵法等，霍去病并不擅长也不喜欢，他总是有一套自己的别出心裁的理论。

大军出征前的一日，甥舅两人有了一次交流。

“去病，八百壮士挑选得怎么样了？”舅舅卫青问。

意欲振翅高飞的霍去病大笑着说：“舅舅，早就选好了。不敢说全部都是军中最精锐的骑兵，但绝对会以一当十。舅舅，您可不要舍不得哟！”

“知道你小子识别骑兵的眼光，但是一定要带好他们啊！”卫青嘱咐着，接着又严肃地说道，“记住，在随军途中，没有我的命令，不可离我左右，不然军法处置。”

“对了，舅舅，去病想请教一下，什么是为将者最重要的？”霍去病是真心想听舅舅做了这么久的将军之后的心得，所以，有此提问。

卫青也正想到了这个问题，于是，他语重心长地对霍去病说了很多自己的经验和见识。

兵法云：为将者当有智、信、仁、勇、严五德，此五德缺一不可。

智，首当其冲，为将者既要有运筹帷幄，决胜千里之智，又要有明察秋毫，随机应变之智。

信与仁，不仅是为将之德，而且也是为人之本，如果不能取信于人，仁爱待人，就无法获得士卒的真心拥戴。

勇，如果为将者不能奋勇当先，没有血气之勇，又怎么为将，又何以服众呢？

严，军纪不严无以壮军威，当然，严明军纪必须只是对事不对人。

闻听舅舅此言，霍去病也坦诚地说了自己的看法：为将者最重要的是智勇二字。因为瞬息万变的战场原本就是斗智斗勇之处，其他说那么多都没用，关键是要取胜，胜者才是王道。

霍去病的理论，令卫青对这个外甥有些刮目相看了。其实，卫青还有所不知，霍去病在挑选骑兵时，也不是如小孩子玩打仗似的随意而选的，而是有原则的。

首先，霍去病有两个死党：一个是赵破奴，另一个是路博德。这两位一文一武，堪称霍去病的左膀右臂。

三人在卫青大军各营中挑选皇上批准的八百骑兵。

赵破奴建议道："我们要的士兵不能局限于汉人士兵，可以吸收一些真心归降的匈奴士兵参加。因为，一来他们对匈奴知根知底，到时对我们绝对会有很大的帮助；二来他们从小练习骑射，以肉食为主，无论是骑射水平还是身体素质，都比很多汉军士兵要好。"

"你说的有道理，但如何能保证这些匈奴士兵对我们忠诚？"霍去病说。

"可以吸收那些已经在汉朝娶妻生子的匈奴人或者匈奴子弟，这样就可以万无一失了。"路博德接道。

这样，当大将军卫青领兵第五次出击匈奴时，18岁的霍去病率领着精选的八百骁骑，跟随着大军一往无前地向北奔去……

这一日，霍去病和他的骠骑营正在大漠腹地奔驰。

穹庐如盖的天空湛蓝而高远，仿佛荡尽了千里征程，呼啸的大风刮过无垠的大漠草原，干燥而陌生的气息灌入每个人的胸腔。

"六十年来，我大汉兵马从未踏足过匈奴的草原，而匈奴人的铁蹄却几乎踏遍了我们北方的所有大地。是可忍孰不可忍！今天，我一定要替大汉的子民前去讨个公道。"霍去病豪迈地说着，继而又侧转头，专门对着一个匈奴裔的骑士说，"你有异议吗？"

这个匈奴裔的骑士，名叫仆多，他一听霍去病此言，赶紧说："霍骠姚说哪里话，我已经在中原娶妻生子，再说了，我曾亲眼见匈奴人侵入汉朝村庄干过的惨无人道的事，我也憎恨这种烧杀抢掠的不劳而获的行为。我跟着骠姚，必当奋勇杀敌，死而无憾。"

霍去病的担心不是多余的。俗话说，万众一心，其利断金。如果内部出了奸细，那么，时刻都有被置于险地的危险。

当然，此时的霍去病还不知道，苏建部就遭遇了原匈奴小王赵信的背叛，而使全军覆没。

不知不觉，又过了几天，一直没有见到匈奴骑兵。到了第五天的中午，队伍停了下来。整队已经是人困马乏，最要命的是，水壶快要见底了。

"这样下去不行，急行军汗出得厉害，人和马都需要喝水。"路博德感觉嗓子在冒烟。

赵破奴巡视了一下附近的草原说：“匈奴人应该不会有多远了，大家看，这儿有很多草茬，都有被牛羊啃食的痕迹。有牛羊，就必定会有水源。”

一些匈奴裔的骑兵也都纷纷表示赞同。

霍去病吩咐众人：“好，大家分头寻找，但要互相兼顾，找到水源后，带足饮用水，继续进发。”

不多时，一道细长的水泡子出现在赵破奴的面前，他欣喜若狂：啊！水源找到了。正当他准备召唤霍去病等众人一起前来时，却意外发现一股匈奴骑兵，也向水泡子方向而来。

赵破奴正在犹豫间，只听霍去病在后面大喊一声：“弟兄们，冲啊！消灭敌人！”

冲啊！冲啊！

八百骑兵呼喊出一个声音。那一股匈奴骑兵，从来不知道汉军骑兵也会如此彪悍，也没有想到他们的水源地会被汉军发现，更没想到来补充一下饮用水，也会命丧黄泉。

一阵冲杀之后，匈奴兵死的死，降的降，于是，这股匈奴骑兵的全部辎重物资，都变成了霍去病军的给养。

为此，在这一次的漠南进击中，霍去病部带着倾一国之力准备的物资舍弃不用，反常地取食于敌。虽然仅此一次，但也足以让汉武帝欢喜了。

所谓“取食于敌”，就是在漠北想办法补充军需物资。

这一做法，在客观上，最大限度地打击了匈奴的生产能力。同时，也可以解决汉朝国力不足，以支持对匈奴作战的问题。

雄才大略的汉武帝，在一步步实施着他的宏图大业，同时，也在一点点儿地消耗着国库的积蓄。虽然父祖给他留下了丰厚的家底，但也经不起他如此地大动干戈。眼见国库日空，朝廷内外质疑声纷起，汉武帝的目光，也不得不转向财政，他必须想尽一切办法来筹措金钱，继续他的宏图大业。

因此，汉武帝也不禁感叹：当皇帝够威风，权力也够至高无上，但是当皇帝也难，特别是想当雄才大略的皇帝更难！

正当汉武帝左右为难时，霍去病却说“可以取食于敌”，并且还真正做到了，汉武帝的心情就可想而知了。

霍去病之所以可以做到取食于敌，当然还包括千里奇袭，这都和他正确地任用匈奴裔的武人有关。

少年成名，一战封侯

如果说，卫青的出现，让汉武帝完成了中国军事史上，由车骑并用向以骑兵为作战主体的重大转折，那么，霍去病的出现，使汉武帝的大规模使用骑兵集团，快速机动，长途奔袭，最终彻底战胜匈奴成为可能。

可以说，突袭作战战术的运用，是霍去病对汉军战术观念的革新。他的作战可谓是迂回纵深，穿插包围，以最快的速度完成迂回穿插，对匈奴实行合围，从最薄弱的环节入手，最后，对其实行毁灭性打击。

卫青以大将军的身份率军从定襄出发，两次进击漠南，霍去病以骠姚校尉统率八百骑跟随出征。

霍去病自称他的八百骑为骠姚营，让他的骑兵们都称他为“霍骠姚”。

霍去病看着他精心挑选的八百骑士，充满了期待和信任。而这八百骑士，在他们这个年轻将军身上，也看到了既让他们安心，又让他们无比振奋的东西。

汉武帝元朔六年（公元前123年），卫青所率汉朝大军，在定襄休整一个月后再次出塞。

这是卫青的第六次出击匈奴，也是霍去病的第二次出击。

有了第一次的成功，当再一次进入漠南时，霍去病和他的八百骑士们，更加信心满满。

莽莽草原，人迹全无。哪里是匈奴人的老巢呢？

霍去病在前面一马当先，后面那些精挑细选出来的精锐骑兵也紧跟着勇往直前，很快，他们便甩开了大部队。

不知不觉地走了好几百里，将近黄昏时，忽然发现前方远处，黑压压一片障碍物，有星星点点的篝火夹杂其间。

待霍去病等人登上一个山冈，才发现冈下帐篷连绵起伏，足有上千顶之多。在中间地带，有一块巨大的空地，燃着一堆篝火，周围人影晃动，人们围成一圈儿唱着、跳着……

霍去病与赵破奴、高不识、路博德等人一商量，判断出前面肯定是匈奴的一处重要宿营地，里面的匈奴王族级别也低不了。

霍去病他们判断得没错。此地正是伊稚斜单于的祖父、叔父的领地。一个是伊稚斜的祖父籍若侯栾提产，另一个是伊稚斜的叔父拏比王罗姑比。

霍去病当即命令：所有人都给马套上嚼子，不得发出任何声响，待匈奴人入睡后，以迅雷不及掩耳之势杀将过去。

“霍骠姚……”那位匈奴后裔拉住霍去病，请求道，“开战时，但请对妇女和孩子手下留情。”

“放心。”霍去病拍了拍他的肩膀，说，“我不会和那些侵扰大汉的匈奴骑兵一样的。”

“不识，开战后，你带百骑直冲营地左侧的马圈，开门放马，不让匈奴骑兵有接近马匹的机会。其他人等，随我冲锋。注意，不要伤害妇女和孩子。”霍去病低声部署着……

夜，更深了。篝火，慢慢地熄灭了。人们也逐渐地散去，回到了各自的帐篷中，渐渐进入了梦乡。

匈奴人正在梦乡里，根本没想到汉军会这么远地杀来，突闻喊杀声，初时还以为是在做梦，待明白真是汉兵由天而降时，宿营地内顿时一片混乱。

有匈奴骑兵慌忙中奔向马圈，可是，马圈的马已被人一窝蜂赶出，更有人拿剑在马身上乱刺乱扎，使得马儿受惊四处乱窜，甚至已经听不到主人对它们的需要和召唤了。

没有了马可骑的匈奴人，已经失去了原有的彪悍。

霍去病一马当先，冲入匈奴人的营帐。八百勇士，以一当十，八百骁骑，个个勇猛无比，兵锋所到之处，匈奴人四散溃逃。

一时间，战马嘶叫，兵戈交错，把匈奴骑兵杀得四散逃窜，直恨爹娘少给生了两条腿。在霍去病面前，匈奴人第一次感到了恐惧和胆怯。

只半炷香的功夫，霍去病就把匈奴人的头领们包围了起来。乱战中，伊稚斜的祖父籍若侯栾提产当场毙命。

“撤！”伊稚斜的叔父拏比王罗姑比一见，大呼道。他斜刺里抽出腰间的长刀，趁人不注意时，放倒了离他最近的一名汉兵，夺下战马，一勒马缰驰出一里开外。

“好身手！”霍去病眼尖，看敌人的身手，不禁暗赞了一句，随后拍马追去。“嗖——”，看准时机，一箭破空射去。“啊！”罗姑比一声尖叫，翻落马下，鲜血从肩胛处流了下来。

霍去病拍马赶到，罗姑比仰头问道：“我能知道你的名字吗？”

“大汉骠姚校尉霍去病。”

“很好，栽在你这样的英勇少年手上，也算不冤枉。”罗姑比说。

汉军又尽力搜索一番，哪里还有匈奴骑兵的影子。等打扫完战场，天已经亮了。稍加休整，霍去病带着满车满车的战利品和俘虏，踏上了归程。

又过了五天之后，霍去病和他的骠姚营出现在了定襄汉军大营。

这次战役，卫青所率大军共歼敌数千级，而霍去病以八百骁骑斩杀匈奴兵2028人，功居第一，其他各路有胜有负。

大将军卫青将战役的经过报告给了汉武帝。

在战场上，霍去病凭着一腔血气骁勇及八百骑兵，在茫茫大漠里奔驰数百里寻找敌人踪迹，结果他“长途奔袭”的战术首战告捷，斩敌二千余人，匈奴单于的祖父、叔父，一个毙命，一个被活捉，而霍去病所率骑兵全身而返。

汉武帝对霍去病大加赞赏，说：“骠姚校尉霍去病，以八百骁骑斩杀匈奴兵2028人，并杀死匈奴单于的祖父籍若侯栾提产及相国、当户等将官多人，生擒单于的叔父罗姑比，出奇制胜，勇冠全军。朕以二千五百户封霍去病为冠军侯。”赞叹他的勇冠三军。

霍去病以18岁的年纪，一战而封侯，而且汉武帝封给霍去病的还是“冠军侯”，这在整个中国历史上，应该算是一种“异数”了。

可以说，汉武帝对霍去病是偏爱的。为什么这么说呢？

请看——“骠姚”“冠军”这类的字眼，并不是汉朝普遍封赏的官衔，而是汉武帝为霍去病量身定制的美称。从这一点上看，是其他官号不可比的。

霍去病也是好样的，他没有让汉武帝对他的偏爱白费。

霍去病的首战，以这样夺目的战果，向世人宣告，汉家最耀眼的一代名将横空出世了。

首进河西，弱冠少年独当一面

汉武帝元狩二年（公元前121年），这一年，注定了将是不平凡的一年。在这一年里，发生了许多大事，而每件事，都是围绕着一个年轻人展开，这个年轻人就是霍去病。这一年，霍去病19岁。

汉朝男子，二十而行冠礼，意味着正式进入可以娶妻生子的成年。由此，可以说，这一年的霍去病，还只是一位弱冠少年。

这年春天，汉武帝任命霍去病为骠骑将军。这意味着霍去病离开了舅舅卫青的庇护，开始了弱冠少年独当一面的征战。

如果说，霍去病是一位演员，那么，他所奔赴的军事舞台，就是河西地区，而演出的剧目也就是——河西大战。

河西地区处于内蒙古高原与青藏高原相交处。在甘肃西部的旧甘州（张掖）、肃州（酒泉）、凉州（武威）等地，因为位于因黄河以西，自古称为河西。

河西地区原来由月氏人居住。

“月氏”也作“月支”，读音为“肉支”，古籍中所记载的“禺氏”也是此族。总之，对“月氏”的讨论话题一直没有确切的结果。但有一点是肯定的：月氏是中国先秦时代就存在的居民部落之一。

大约在公元前5世纪至公元前2世纪，月氏人游牧于河西走廊西部张掖至敦煌地区，实力强大，是匈奴人的劲敌。

到了公元前177年，月氏人击破敦煌附近的一个小的游牧民族乌孙，杀其王难兜靡，夺其地。

在公元前177—前176年间，匈奴冒顿单于遣右贤王大败月氏。而后，冒顿单于的儿子老上单于，又杀死了月氏王，以其头为饮器，从此，月氏人与匈奴人就构成了世仇。

月氏一族被匈奴打败后，大多数部众西迁至伊犁河流域及伊塞克湖附近，原来居住在此地的塞人，大部分被迫南迁至兴都库什山以南，成为大月氏。而留在河西走廊的月氏人和祁连山间的羌族混合，成为小月氏。

到了公元前139—公元前129年间，曾被月氏人杀王夺地的乌孙难兜靡之子猎骄靡长大，为其父报仇，率部众击大月氏，夺取伊犁河流域，大月氏再次被迫南迁，过大宛，定居于阿姆河北岸。

最后，到了公元前一世纪初，大月氏征服了阿姆河以南的大夏。至公元元年初，建立强大的贵霜帝国。

月氏人的西迁，促成了张骞再次出使西域，并且开辟了“丝绸之路”。当然，张骞的第二次出使西域，是霍去病在河西地区打败匈奴以后。这次出使的目标是打败月氏的乌孙。

当汉武帝即位后，从匈奴降者的口中得知了匈奴与月氏结下世仇的消息。于是，于建元二年（公元前139年）派张骞去联络月氏，以共击匈奴。

然而，当张骞到达之前，月氏族已经西迁。月氏人无心报仇，使得汉使张骞无功而返。张骞在往返的途中，曾两度被匈奴截获，历尽千辛万苦，经过十多个年头才回到长安。

张骞向汉武帝呈上了一个有关西域各国和河西走廊情况的汇报书。

河西地区在祁连山、合黎山之间，因地势低平，形成一条天然的走廊，因此，被称为“河西走廊”。

河西走廊是古代中原与西域的交通孔道，其地北临宁夏，南依青海，东南通关中，西北与新疆接壤，可以说，军事形势相当重要。

特别是汉武帝想与大月氏及西域各国取得联系，以便共同对付匈奴。然而，此时河西地区已被匈奴侵占，成了匈奴浑邪王、休屠王的领地。不铲除这个障碍，河西走廊通道就无法打开。

同时，夺取河西走廊，在西北面便可以打通中原和西域的通路，进一步地去实行砍断匈奴右臂；在东北方面，可由此区域威胁单于王庭；在南面，可以隔断匈奴和羌人的联系；在东南方面，更可解除了长安的一面威胁。

因此，河西成了汉朝与匈奴战争中的重要战略地区。于是，汉武帝便发动了河西战役。也因此，19岁的霍去病被推到了前台。

而19岁的统帅霍去病也不负众望，在千里大漠中闪电奔袭，打了一场漂亮的大迂回战。

公元前121年春天，汉武帝任命霍去病为骠骑将军，率领精骑一万人，从陇西（今甘肃省临洮县）出发，攻打匈奴。

这是霍去病第一次进兵河西，也是霍去病的第三次出击。

这次出击中，霍去病领兵孤军深入敌境。

在霍去病的指挥下，汉军所至，势如破竹：穿过5个匈奴王国；转战6天；越过焉支山1000多里；在皋兰山与匈奴发生了一场硬碰硬的生死激战。

焉支山，在今天甘肃省山丹县境内，气候温暖，森林密布，山冈上长满了银白色的哈日嘎纳花，山下的川地草原一望无际，是真正的“天苍苍，野茫茫，风吹草低见牛羊”。

战国时期，匈奴人趁秦灭六国之机，大举南下，逼近黄河一线后，站到黄河边上看到山非常高，所以取名叫皋兰。

实际上，皋兰是指河，这是匈奴人的称呼，皋兰山就是河边的大山。

汉代，在今天的甘肃境内应该有两个皋兰山。一个是兰州的皋兰山，另一个就是张掖附近的合黎山，这座山当时也被称之为皋兰山。

霍去病同匈奴激战的皋兰山，应该是张掖的合黎山。

霍去病率部勇猛异常，横冲直撞，战绩辉煌：斩杀匈奴折兰王和卢侯王；活捉了匈奴浑邪王的儿子及相国、都尉等；歼敌8900多人；特别是缴获了匈奴休屠王的祭天金神像。

汉军大获全胜。汉武帝非常高兴，下令增封霍去病食邑2000户。

霍去病第一次进击河西的一连串战役的胜利，充分说明他所统率的骑兵是一支运动力和攻击力最强的劲旅，至少是一支足以使河西的匈奴部落都要望风披靡的铁骑。

在这一场血与火的对战之后，汉王朝中，再也没有人质疑少年霍去病的统军能力了，他也成为汉军中的一代军人楷模、尚武精神的化身。

再进河西，骠骑将军直达匈奴王庭

元狩二年（公元前121年）的夏天，汉武帝决定乘势全部扫除匈奴在河西地区的势力，打通进入西域之路，于是发动了第二次河西战役。

这次战役，汉武帝派出了两路兵力：一路是以骠骑将军霍去病、合骑侯公孙敖率领的几万骑兵为主力，从北地郡（在今甘肃环县）出发；另一路是郎中令李广、博望侯张骞率一万多骑兵从右北平出发，以匈奴左贤王为攻击目标，策应霍去病对河西的攻势。

按照汉武帝的部署，此战，霍去病成为汉军的统帅，老将李广等人只作为他的策应部队。

先说李广和张骞这一路。

可以说，这两位统帅都是对匈奴作战中的领军人物。

郎中令李广不仅善骑射，有以箭穿石之力，而且早在文帝、景帝时代，就已经是令匈奴人闻风而逃的汉军将领了。在武帝时代，因其盛名，他所驻守的右北平等地，匈奴不敢进犯。因为盛名所累，出征时，他常常也会成为匈奴主力围攻的对象，因此，他也常被汉武帝派作牵制匈奴主力的策应之军，掩护汉军出其不意地冲击真正的目标。

博望侯张骞在汉武帝即位的第二年出使西域，因为匈奴人的阻挠，他在往返中曾先后两次被匈奴所掳，留居匈奴十多年才回到长安。而他所路经和留居之地，正是此时被匈奴占据的河西地区。因此，张骞对这次战役的战场可谓是轻车熟路。然而，当外交使节和当领军将帅，毕竟是不同的。

郎中令李广和博望侯张骞原计划是分头出发的，预定合围匈奴左贤王。

事实上，李广率四千骑先到，反被匈奴左贤王围困。在李广与匈奴左贤王部激战两天后，张骞率一万骑的大部队才赶到。等到张骞赶到之时，匈奴左贤王已经引兵离去。虽然解了李广之围，但是预定的合围计划却泡汤了。

张骞因延误战机而坐“行留”罪，按律当斩，念其出使西域的功劳，才免了死罪，取消博望侯之位，贬为庶人。当然，此后，汉武帝又重新启用张骞第二次出使西域的乌孙等部族，开辟了河西走廊上的丝绸之路。

再说说霍去病和公孙敖这一路。

骠骑将军霍去病与合骑侯公孙敖出塞后，也是分兵前进。

合骑侯公孙敖是追随卫青六击匈奴的老将。参与过龙城、河南地、漠南等战役，公孙敖作为卫青的左膀右臂，虽然也曾有损失惨重的战斗，但总体上来说，还是有上佳的表现的，因此才被封为合骑侯。

仿佛离了卫青这根拐棍，公孙敖就瘸了。因为卫青的关系，公孙敖也被看作为卫氏外戚集团的成员，可以说，他是看着霍去病长大的。另外，为了自己的地位和荣誉，公孙敖也是会奋勇争先的。但事与愿违。事实上，由于中途迷失方向，公孙敖这匹常跑大漠的“老马”所率部队未能参加战斗，因此也就没有起到应有的助攻作用。

公孙敖居然在大漠中迷了路，还不如这位年轻的长安公子霍去病，真令人有些哭笑不得。

其实，也难怪公孙敖会迷路。因为此时，正值盛夏，烈日高悬，烧焦了的大漠草原，到处一片荒芜。特别是河西走廊，是两山夹一沟的地势，这里宛如是一个大风口。当狂风夹着沙尘吹来之时，遮天蔽日、飞沙走石，仿佛天地间就只剩下沙尘的轰鸣与呼啸的风声了。

风沙不只是欺负公孙敖，对霍去病也是同等的“接见”方式。

好在霍去病不仅意志力顽强，更是从各方面做好了应对困难的准备。此次跟随霍去病从征的校尉中间，仍然有鹰击将军赵破奴、高不识、仆多等一些熟悉大漠草原环境的人。

这一日，霍去病大军正在向居延海方向进发，突然天摇地动，沙暴骤起。一时间，汉军士兵们不知身在何处，只感觉耳边如雷的风声，似乎要将他们的耳膜震裂了，如同刀子一般打在脸上的沙土，正一点儿一点儿地吞食着他们的身体。在沙暴之中，他们显得如此渺小，只能眼睁睁地看着沙尘将他们掩埋……

不知过了多久，大风逐渐转小了，人马才挣扎着从沙石中站起来。可是还未等立稳，又赫然发现，有巨大的毒蝎子正张牙舞爪地伺机而动。

在霍去病的鼓舞下，大军又继续前进了。这一回，所有人都用衣物掩住口鼻，减轻了风沙的直接吹打。然而，饮用水的问题又摆在了面前。

“不识、仆多，分头出去找找水源，一个时辰之后，无论是否找到水源，都要回来和大部队会合。其他人原地休息，待命，保存体力。”霍去病下达命令，高不识和仆多两人各率人领命而去。

时间在焦急的等待中一分一秒地过去。

终于，高不识和仆多都回来了，共同带来一个振奋人心的好消息：西北方向有一个如蓝宝石般镶嵌在沙漠中的湖泊。

这个湖泊，就是出发前约定的会合地点——居延泽。

居延泽，也称作居延海，在今天内蒙古额济纳旗北部。大漠草原上的人们，把河水汇聚而成的湖泊称为泽或海。

全军将士打马来到湖边，喝饱带足，甚至将士们还跳入湖中，痛痛快快地洗了个澡。

直到此时，公孙敖部没有到。

但是，骠骑将军霍去病的部队也不宜在居延泽久留。多耽误一天，匈奴人发现他们的机会就会增加几分。因此，在与公孙敖部联系不上的情况下，霍去病率部只好孤军深入。

补足水源，辨明方向，霍去病率军继续前进。他们穿过小月氏部落，这一天，终于抵达了祁连山。

微风吹来，使率军初次进入祁连山的霍去病和众将士们，产生了返璞归真、如入梦境的感觉。

祁连山匈奴语意为“天之山”。

远眺祁连山，每一个山峰都显得气势雄伟，石骨峥嵘，鸟道盘错。这些由冰雪和石头凝成的奇形怪状、棱角分明的脉脊，有如用巨斧劈雕一般。

终年积雪而形成的宽阔颀长的冰川，千姿百态，躺卧在雪山上，如白虎藏匿，如银蛇盘绕；在正午阳光的照射下，有如钻石发出万簇光芒；在霞光的色染中，冰川则有无法描摹的瑰丽！

多条河水环绕在祁连山中，无疑是众河不尽的源头。

河谷洼地一带，成片的是野生的柳树、杨树，还有丛丛簇簇的刺槐，均显得古老、苍劲而又扭曲，古老得使人无法估算它们的年轮。

都说祁连山的四季不甚分明，春不像春，夏不像夏。所谓的“祁连六月雪”，就是祁连山气候和自然景观的写照。

当霍去病率军到达之时，正值夏季，草原上开满了金色的哈日嘎纳花，使整个草原一片金黄。白帐篷、黑帐篷、牲畜牛羊群，整个夏营地的期间，放牧人就在这金色的花海中游荡。

骠骑将军霍去病孤军深入至祁连山、焉支山一带，来到了匈奴王庭乎觻得。霍去病神兵天降，匈奴人被他神秘莫测的战术搞得晕头转向，纷纷投降。

祁连山一役，霍去病大获全胜，歼灭匈奴兵三万余人，俘虏匈奴王爷5人，以及匈奴大小阏氏、匈奴王子59人、相国将军当户都尉63人，接受匈奴单桓王、酋涂王及相国、都尉等2500人投降。

经此一役，匈奴不得不退到焉支山北，汉王朝收复了河西平原。

曾经在汉王朝头上为所欲为、使汉朝人家破人亡无数的匈奴人为此悲歌：“失我祁连山，使我六畜不蕃息；失我焉支山，使我嫁妇无颜色。”

从此，汉军军威大振，而19岁的霍去病更成了令匈奴人闻风丧胆的战神。

御赐美酒，酒泉因此得名

祁连山下的凉州（武威）、甘州（张掖）地区，有一片水草最为丰美的草原，名叫夏日塔拉，也叫黄城滩、皇城滩、大草滩等。这里是匈奴王的牧场。

多少年之后，匈奴的直系后裔尧熬尔人和蒙古人，仍然均称之为“夏日塔拉”，意思为“黄金牧场”。

汉武帝元狩二年（公元前121年），霍去病于春、夏两次率兵出击占据河西地区的浑邪王、休屠王部，共歼敌四万余人。其中，俘虏匈奴王5人及王母、单于阏氏、王子、相国、将军等120多人。

汉武帝终于等到了霍去病的胜利战报，几个月来，因公孙敖迷路、张骞和李广作战不利而导致的抑郁，在此时一扫而空，脸上重新泛起了笑容。

“拟旨。”汉武帝袍袖一甩，威武地说道：“加封霍去病食邑五千四百户。另封鹰击将军赵破奴为从骠侯、高不识为宜冠侯、仆多为辉渠侯。全体士兵，死者发银万两抚恤，生者各赏银三万两。”

“皇上，骠骑将军还未还朝。”拟旨的大臣提醒道。

“无妨，派平寇校尉李朔立即将此旨送去霍去病大军中，不得耽误。另送一坛御酒犒劳骠骑将军。再在全国昭告骠骑将军的壮举。”汉武帝掩饰不住兴奋的心情，手捋着胡须继续说道。

此时，19岁的骠骑将军霍去病，正缓缓地引军班师回朝。

当然，此时的心情与彼时是大不一样了。也直到此时，霍去病才有心情去欣赏沿途的美景。

不知不觉地，霍去病率大军已回到了介于祁连山与马鬃山之间的狭长平地——河西走廊。

向南眺望：海拔为四五千米的祁连山脉层峦叠嶂，阻挡了视线。山脉由东西走向的高山和谷地组成，西宽东窄。在祁连山4500米以上的高山上，白雪皑皑，那是丰厚的永久积雪和覆盖的史前冰川。这些积雪和冰川在每年特定的季节融化，为附近地区大量的绿洲和耕地提供了源源不断的源头活水。

向北侧观瞧：则为龙首山—合黎山—马鬃山，绝大多数山峰海拔在2000—2500米之间，个别高峰达到了3600米。这里山地地形起伏，逐渐趋于平缓，可以算是准平原了。

河西走廊，东起乌鞘岭，西至玉门关，东西长约1000公里。从西向东，依次为敦煌、肃州（酒泉）、甘州（张掖）、凉州（武威）等人群聚居区。

公元前121年的夏末秋初，带着胜利的喜悦，骠骑将军霍去病率自己的威武之师，从西向东行进在河西走廊上。

从进入敦煌开始，沿途的地理环境让汉军将士赞叹：此段可谓是河西地区的黄金路段了。再向前，待过了嘉峪关的隆起带，眼前的一切更是让人惊喜了。

“前面不远处，就是肃州了。”当大军停在了一处泉水边饮水时，仆多向霍去病介绍道。

霍去病看那泉水，清澈见底。他捧起一口泉水喝下，立即感觉清凉甘洌，如饮甘露。

“这叫金泉，是祁连山二十七处泉眼汇合而成的。”仆多向霍去病介绍着。

霍去病双手捧水，不仅喝了个饱，而且还很奢侈地扑打到脸上，立即从里到外，从上到下，全身都体会到了泉水带来的清凉。

“启禀将军，皇上派平寇校尉李朔前来犒劳大军，离这儿只有二十里了。”有先锋官返回来报告霍去病。

“好，原地休息，准备接旨。”霍去病说道。

不多时，李朔到了。霍去病接旨谢恩。

听到自己又增加了食邑，霍去病没有任何激动，但听到皇上封赏了众将士，他非常高兴。众将闻听皇上封赏，也一起振臂欢呼。

“霍将军，皇上还特地命末将带来一坛御酒。依现在的情形，这坛酒看来正用得着。”李朔边说，边命人抱来一个酒坛。

“只有这一坛子？”霍去病皱了皱眉问道。

“是的，只有这么一坛子，是皇上专为将军准备的。”李朔如实回答。

霍去病心想：仗不是我一个人打的，酒当然也不能我一个人独自享用。只是这酒，只有一坛，近万人的大军，委实太少了。怎么办呢？

霍去病低头苦思之际，看到了那清澈的泉水。立即，办法有了。

“传我将令，全军在泉边整装待命。”霍去病命令道。

赵破奴等将领并没有多问，立刻领命而去。

片刻工夫，万人大军已在泉边整齐地列队集合完毕，一切进行得有条不紊。李朔看在眼里，不禁暗自佩服。

霍去病背对着泉水而立，面前是随他出生入死的上万将士，他豪迈地讲道：“兄弟们，我们打通河西，逐走匈奴人，皇上龙颜大悦，特赐我一坛美酒。然则，我一人安敢贪此功劳呢？这坛御赐的美酒，必须大家一起喝。”

说完，霍去病拍开封泥，立即酒香四溢。只见霍去病接着高举酒坛，转过身去，面对着泉水，酒坛倾斜，坛中香醇的美酒倾泻而下。顷刻间，那坛中酒，一滴不剩地注入了金泉水中。

李朔今天算是长了见识了，似乎明白一点儿霍去病之所以战无不胜的原因了。

再看众将士，眼里早已是泪光闪烁。金泉水上，一层薄雾在轻轻涌动，也不知道是雾还是众将士眼中的泪花了。

霍去病扔掉空酒坛，率先半蹲下身，掬了一捧酒水，高高地扬起，大声道：“回不去的兄弟们，我也敬你们！”

于是，身后的将士们纷纷大步向前，掬水饮下。

此情此景，李朔如同在看一群铁血男儿举行的祭祀盛典，悲壮而澎湃。

“从此以后，这泉水不应该叫金泉，应该叫酒泉了。”不止一个人这么想。

后来，霍去病将酒倒入泉水中让全军将士饮用的事儿，在朝中上下传为佳话。再后来，此泉真就称为酒泉了，而肃州也就因此改名为酒泉。

元封五年（公元前106年），汉武帝正式设立酒泉郡，以泉名为郡名。从西汉设置酒泉郡，到北魏太延元年（公元435年），均称为酒泉郡，长官称太守。

值得一提的是：现在的甘肃省的“肃”，就是酒泉原为古肃州而来的。

虽然霍去病早已逝去，但是他的威名却和酒泉一直流传下来，生生不息……

三进河西，霍去病强势受降浑邪王

霍去病的两次河西之战，令匈奴人闻风丧胆。其实，真正使霍去病有如天神的事情是“河西受降”。

“河西受降”发生的时间是汉武帝元狩二年（公元前121年）的秋天，这是霍去病第三次进入河西，也是他的第五次进击匈奴。

汉武帝元狩二年（公元前121年）的春、夏两次河西战役之后，汉朝完全控制了河西地区。

在经济上，因为焉支山和祁连山地区，水草肥美，宜于畜牧，但经过霍去病率军的两次攻击，已不能再使用了。因此，这对匈奴是一个很大的打击。所以，匈奴人非常惋惜，他们悲伤地唱道：“亡我祁连山，使我六畜不蕃息；失我焉支山，使我妇女无颜色。”

如果不是亲眼所见，没有人会相信19岁的霍去病有那么的强大和可怕。

伊稚斜单于就不相信。所以，他想当然地认为浑邪王和休屠王守战不力，才使匈奴连战连败，不仅丧失了水草肥美的土地，而且损失了几万人。

因此，伊稚斜单于对于浑邪王、体屠王的屡次战败非常恼火，便派使者征召他们，准备治罪。

想这伊稚斜单于，他不相信霍去病的强大也就罢了，然而，他错就错在还怪罪自己的兄弟，甚至欲诛杀自己的兄弟。这就难怪会出事了。

当然，世上就没有不透风的墙。

浑邪王听到伊稚斜单于想杀他的消息后，真是又惊又气。惊的是，自己要有杀身之祸，气的是，单于根本不知道对方势力有多么的强大，便不问缘由地加罪于他。

其实，浑邪王在河西之战中新失爱子，本来就已经够心烦的了，突然又闻听单于不仅没有安慰，而且还要加罪于他，真是气不打一处来了。

浑邪王明白：已经无力抵抗汉朝的进攻了。

同时，浑邪王也知道：伊稚斜单于已经不给他时间解释了。他也无法使伊稚斜单于在尚未受到汉军的重兵进攻之前，使单于谅解他的失误是由于汉兵的过于强劲。因为，单于已判定他无能是有根据的，例证就是——左贤王胜利了。殊不知，虽然是和汉军交战，他们所遇到的对手是不一样的。

浑邪王思虑再三，认为目前他只有一条活路可走——向汉朝投降。

于是，浑邪王与休屠王商量，决定向汉朝投降，并派使者与汉朝接洽归降事宜。

当时负责藩属事务的大行李息，正在黄河边上筑城。突然有一天，匈奴浑邪王派来的使者求见。

李息知道此事事关重大，不敢有丝毫耽误，立即准备驿马，八百里加急将使者送往长安，向汉武帝报告。

汉武帝得到这一消息很高兴，认为这样可以分化匈奴，减弱匈奴的力量，但是又担心其中有诈。

汉武帝心想：匈奴浑邪王与休屠王若是真心来降，那可真是天大的好事，然而他们会不会是诈降呢？不得不防啊！不入虎穴，焉得虎子。看来，还得朕的骠骑将军走一趟了。

“传旨。”汉武帝果断地决定，“命骠骑将军霍去病所部，即刻回返河西，行便宜之权，见机行事。”

霍去病带领所部将士班师回朝，不知不觉已是初秋。这一天，大军已经回到了出发时的北地郡。

北郡地是统甘肃旧宁夏、庆阳二府之地，治马领，即今天甘肃环县东南。在汉景帝时期，一直由李广镇守，因此，在汉武帝派霍去病进击河西之前的很长一段时期内，北郡地一直是汉人与匈奴人的边境地带。

此时，北地郡的太守张延寿见霍去病大军凯旋而回，便杀猪宰羊，犒劳这支威武之师。他想：从此，北地郡的百姓再也不用时刻担心匈奴人的侵扰了。

这时，汉武帝的圣旨到了。

骠骑将军霍去病真是好样的，接圣旨后二话没说，率所部大军又三进河西。

霍去病率军快马加鞭，不多时日就到了河西走廊最东端的凉州城。

凉州，早在远古时期就有先民在此繁衍生息。在磨嘴子、东坪就有马家窑文化；在皇娘娘台、海藏寺有齐家文化；在沙井子、暖泉有沙井文化等。到了周时为雍州，春秋以前为西戎占据。秦时为为月氏驻牧地。

西汉文帝前元六年（公元前174年），匈奴人击败月氏，占领了河西。匈奴休屠王筑盖臧（即姑臧）城。

汉武帝元朔三年（公元前126年），以其金行，土地寒凉，改雍州曰凉州。凉州从此得名。

元狩二年（公元前121年），汉武帝派骠骑将军霍去病出陇右击匈奴，使整个河西走廊纳入了西汉版图。同年秋天，霍去病奉命迎接率众降汉的匈奴浑邪王和休屠王。霍去病知道军情紧急，唯恐事情有变，因此，一刻也没有耽误。

然而，霍去病还没有到达河西，果然，情况真就发生了变化。

休屠王听信部下的谗言，不想投降了。

这回，轮到浑邪王骑虎难下了。

浑邪王既痛恨伊稚斜单于的无情无义，也痛恨休屠王的背信弃义。于是，浑邪王一不做二不休，他率兵冲入休屠王的营帐，杀死了休屠王，收编了休屠王的部队，然后列队迎接汉军的到来。

然而，这样的乌合之众，内部还隐藏着浓浓的不安定因素。

果然，当霍去病奉汉武帝之命，经凉州到达黄河边受降时，列队迎接的匈奴降部中再次发生了哗变。

哗变的匈奴兵大部分是原休屠王的部下。这些人本来投降的意志就不坚定，现在看到对面的汉军阵容严整，心存疑惧，纷纷逃走。

这样的情况下，浑邪王也控制不住局面了。

紧急关头，霍去病当机立断，率部渡过黄河。

霍去病的到来，再次引发了浑邪王阵营的骚动，这次已经不只是原休屠王的人马了。怎么办?

霍去病果断地让大军严阵以待，而他自己亲自率领几名精骑飞马驰入浑邪王的营帐，与浑邪王进行沟通与谈判。

“斩杀变乱者，以稳定军心。”霍去病以不容置疑的口气威严地对浑邪王说，并让浑邪王下令将私自逃跑的匈奴将士八千人全部杀死。

浑邪王慌乱得不知所措了。

此刻，永远没有人能猜得出浑邪王的心里在想些什么？虽然，那一刻，浑邪王完全有机会把霍去病扣为人质或杀了报仇，只要他这样做了，单于不但不会杀他，反而要奖赏他。

然而，最终，浑邪王放弃了。

因为，霍去病这名敢于孤身犯险，不惧生死的年轻统帅，在气势上镇住了浑邪王。

霍去病的气势不但镇住了浑邪王，同时也镇住了四万多名匈奴人。最终哗变被控制住。

浑邪王率部投降，霍去病派轻车快马，先把浑邪王送往长安拜见汉武帝。接着，又把四万多匈奴降兵编队列阵，带回长安。

汉武帝隆重地接见了浑邪王，封他为漯阴侯，食邑一万户，匈奴小王呼毒尼等四人也被封侯爵，统称为“五侯”。

汉武帝把这“五侯”连同他们的部众，分别安置在陇西、北地、上郡、朔方、云中等地，保持他们原来的生活和风俗习惯，号称“五属国”。

从此，匈奴的军事力量大大削弱，不得不退到遥远的大漠以北地区。汉朝西部的威胁彻底解除，通往西域的道路完全畅通了。

公元前106年，在浑邪王、休屠王旧地设置武威、酒泉两郡，连同后来设置的张掖、敦煌二郡，被称为“河西四郡”。其中凉州因汉武帝时期所创下的武功军威而更名为武威。从此，在汉王朝的版图上，多了武威、张掖、酒泉、敦煌四郡。河西走廊正式并入汉王朝。

河西受降顺利结束，霍去病因受降有功，又加封食邑1700户。

这次受降，不但为饱受匈奴侵扰之苦百年的汉朝人扬眉吐气，更从此使汉朝人有了身为强者的信心。

在局势迷离、危机四伏的时刻，一位19岁的少年站在敌人的营帐里，仅仅用一个表情、一个手势，就将帐外四万兵卒、八千乱兵制服，不能不一直被后世所景仰。也因此，霍去病的声望日益显赫，地位日益尊贵，几乎与舅舅卫青相当了。

然而，匈奴主力虽远逃漠北，但仍未放弃对汉朝边境的掠夺。所以，霍去病与卫青，这对大汉帝国的双臂，就要振翅双飞了。

第六章　联合出击：汉匈决战

卫霍舅甥联手，一次空前的惊人表演

卫氏一门显赫后，长安城中有歌谣说：生男无喜，生女无怨，独不见卫子夫霸天下。意思是说卫氏一门的显贵全靠了卫皇后。

在相当长的一个时期内，人们都把卫青与霍去病的受宠，归功于裙带关系，似乎外戚成了贴在卫青和霍去病身上的标签。

不错，左右朝政的外戚大多是靠裙带关系窃居高位的。然而，卫青、霍去病的封侯赐爵，却是凭借着出生入死、浴血奋战的军功，他们在为国家做出了重大贡献的同时，也使自己达到了事业的高峰。

也正因为如此，即使后来卫皇后失宠，二人在朝廷的地位也丝毫未受影响。

汉武帝元光六年（公元前129年），匈奴兴兵南下，前锋直指上谷。汉武帝果断地任命卫青为车骑将军，迎击匈奴。从此，卫青开始了他的戎马生涯。

卫青，十年戎马，六击匈奴，战功赫赫，也使自己飞黄腾达。这些已经使朝廷上，如李广等老将们都认为他是异数了。而当霍去病五次出击匈奴位极人臣之后，他所得到的荣誉和封赏，更使一般的宿将啧啧称羡和自愧弗如了。

汉武帝元狩四年（公元前119年）秋天，卫青与霍去病联合出击，又有了一次空前的惊人表演。

话还得从汉匈的漠南之战说起。

漠南之战时，赵信投降匈奴，被封为“自次王”，意思是他的位置仅次于匈奴的单于，享受一人之下，万人之上的尊崇。同时，单于还将自己的姐姐嫁给他，让他成为匈奴人的驸马。

匈奴单于之所以对赵信下这么大的血本，无非就是看中了赵信熟悉汉军的军事计划，把他当作对付汉军的一个军事顾问了。

赵信本就是匈奴的一个小王，因为争夺女人，才背叛了匈奴。这回又被匈奴如此礼遇，怎么敢不使出吃奶的力气呢！

于是，赵信就把他所洞悉的汉武帝的军事计划和盘拖出，并建议单于把主力北移，引诱汉军深入漠北，以增加汉军行军和作战的困难，匈奴好借机以逸待劳，战胜汉军。

匈奴伊稚斜单于立即采纳赵信的建议，远走漠北。

应该说，伊稚斜是有雄心的。

伊稚斜的偶像是先祖冒顿单于。自当上单于以来，他一直野心勃勃地想将匈奴的势力恢复到冒顿时期的辉煌，至少也得干出点儿成绩，让他的单于之位稳固吧！然而，却事与愿违。

也该伊稚斜命苦。伊稚斜所处的时代，正赶上汉朝出了个雄才大略的汉武帝。汉武帝不但会治理国家，而且还是个能知人善任的皇帝，把两个奴隶培养成了将军。

遇到了汉武帝、卫青、霍去病这三个人，也该伊稚斜倒霉了。

几年来，在与汉军的血战中，匈奴不仅屡战屡败，而且许多肥美的土地和牛羊也落入了汉军之手。

更不能让伊稚斜容忍的是：如浑邪王之流，竟然甘心投降了汉朝。此头一开，如若各王纷纷效仿，那么，他这个单于不就成光杆司令了吗？

当然，伊稚斜单于是决不会甘心失败的。因此，匈奴的侵掠并没有因为汉军的屡次出击而停止。

到了汉武帝元狩三年（公元前120年）的秋天，距上次河西大败又过了一年有余，退到漠北也已经三年多了。匈奴人料定：汉军一年多没出击，一是因为他们迁到了漠北，这让汉军头痛；二是因为汉军常年征战，国库必定不济，因此不敢妄动。

而匈奴人自己：经过修整，弓弦精良，战马肥壮，士兵勇猛，特别是在秋高马肥的季节，确是到了再战的时候了。于是，伊稚斜单于和左贤王各率匈奴骑兵万余人，又分别突入定襄、右北平地区，杀掠汉朝边民一千多人。

这次，匈奴人听从了赵信的建议，两路大军将右北平和定襄劫掠一番后没有恋战，打完就带着财物退回到漠北去了。

是可忍孰不可忍。

消息传到长安，在御前会议上，“决战匈奴”便成了主要议题。

“匈奴可恶，朕决定打这一仗，深入大漠，彻底赶走匈奴。”汉武帝威严的声音不容置疑。

“请皇上三思。如今我朝国库空虚，不可因战争过多耗费民力财力，不然，恐怕要走上嬴秦的老路啊！”朝堂上反对的声音也不少。

“首先，我大汉不是秦朝；其次，难道要等到几十年以后，匈奴人死灰复燃，让我大汉再向匈奴人卑躬屈膝，用女人去换取和平吗？如果那样，朕又如何对得起战死塞外的万千将士，对得起边关被屠杀的百姓呢？”汉武帝的语音低沉而坚定，直震得朝堂似乎都在回响。

“皇上，不用担心，经多方筹措，目前，国库支持这场战争并无难处。”负责财务的大臣适时地禀报。

“好，很好。财货无忧，这场战争必打。千载之后，就算有骂名，由朕一人承担。”汉武帝豪迈地说。

于是，决战的诏命震动全国。这一天，卫青与霍去病奉诏入宫。

“赵信叛敌，成为伊稚斜的谋臣，单于听从他的计划北移，以为我大汉不敢越过大漠发动攻击，你们怎么看？”汉武帝征求着两位爱将的看法。

“臣时刻在操练人马，不敢有片刻的懈怠之心。如今，兵精马肥，已整装待发。”卫青躬身说道。

“我们大汉已经集结最强大的兵力，如能强行越过大漠，定能大获全胜。末将时刻准备着领兵出战。”霍去病坚定地说道。

“好，很好！”汉武帝听着两位爱将的回答，龙颜大悦，“此次进击，朕命你们甥舅两人共同出征。”

闻听皇上此言，卫青和霍去病的反应有所不同。

卫青有一些没想到，因为上两次的河西之战，皇上都是指派霍去病领军出征的，没想到皇上还没忘记他这位“老”将。

当然，霍去病早就在跃跃欲试地准备出发了。

“朕这次是举全国之力，派十万大军进击匈奴，你们两位分别统兵五万。去病，你从定襄出发，截击伊稚斜单于主力，务必全歼。卫青，你从代郡出发，寻找左贤王部决战，务必将匈奴赶出漠北。你们放心，后续的步兵和运输队伍将会有数十万人，为你们做好后勤保障。”这一刻，汉武帝俨然就是一位运筹帷幄的统帅。

一番话，也说得卫青和霍去病热血沸腾。

“臣等必当尽心竭力，不负圣望。”卫青和霍去病异口同声地回答。

汉武帝的作战计划堪称完美，卫青与霍去病两人也没有再提出异议。然而，虽然是两个人各领兵五万，但是，事实上，汉武帝还是有所侧重的。

在汉武帝的心里，就是想让霍去病担任主攻，因此在骑兵配置上向霍去病倾斜，并且不给霍去病配备副将，一切交由霍去病自己去挑选。

在排兵列阵上，安排霍去病对伊稚斜单于主力，卫青对左贤王部。

原来有消息得知：伊稚斜单于在西，因此将霍去病安排西出定襄，卫青则东出代郡。后来，从俘获的匈奴士兵口中得知伊稚斜单于在东方，于是卫霍两军对调出塞线路，霍去病东出代郡，卫青西出定襄。

卫青与霍去病各自分头准备自不必细说了。

总之，为了彻底击溃匈奴主力，汉武帝集全国的财力、物力，开始了远征漠北、欲彻底消灭匈奴军队的模式。

于是，元狩四年（公元前119年）春，汉武帝发十万骑，加上私人带去的四万匹，共计十四万匹战马；再以数十万步兵和辎重队作为后勤补给兵团；并授予大将军卫青和骠骑将军霍去病，各率领五万骑兵，兵分两路，跨越沙漠进行长征，出击匈奴。

当然，汉军如此大规模的军事行动，消息很快就传到了漠北单于总部。

自次王赵信旧计重提，向伊稚斜单于建议：“汉军真是不知道天高地厚，竟然打算穿过沙漠这道天然屏障。那好，我们需将牛羊和女人孩子们再向北移。到时候，汉军人困马乏，我们则以逸待劳，就可以俘虏他们了。”

伊稚斜单于又采纳了赵信的建议，将粮草辎重再次向北转移，而把精锐部队埋伏在了沙漠北边。

这样，双方都做好了充足的准备，一场恶战已经不可避免了。

卫青在西，遭遇匈奴单于主力

汉武帝元狩四年（公元前119年）春，汉武帝决心在漠北与匈奴主力决战。

于是，命卫青率五万余骑出定襄，求左贤王所部决战，命霍去病率五万精骑出代郡，求单于主力决战，另有步兵数十万掩护辎重在后跟进。

然而，战场如棋局，瞬息万变。

也许，是匈奴人也在排兵布阵，也许，也只是巧合而已。总之，战场上的局势并没有如汉军预料的那样布局。

在卫青大军出塞1000多里后，遇到的不是左贤王部，偏偏却与以逸待劳的匈奴单于主力遭遇了。

想当初漠南之战时，卫青欲寻找匈奴主力而不得，偏偏让只带三千骑兵的苏建部遭遇了主力，致使苏建不仅惨败，而且赵信还投降了匈奴，这无形中增加了汉朝打击匈奴的难度。这一切，真可以说是世事难料了。

霍去病带走了精锐骑兵，留给卫青的是这样一个阵容——

大将军卫青麾下有前、后、左、右四将军，分别为：郎中令李广为前将军；太仆公孙贺为左将军；主爵赵食其为右将军；平阳侯曹襄为后将军。

再看看卫青手下的这四位将军的情况：

李广，虽然是多次征战的老将，但是他不仅年事已高，运气又一直不好。因此，他空有一颗不服老的报国忠心，关键时刻却总是掉链子。就连汉武帝在临出发前都密嘱卫青：李广不适宜当先锋官。

公孙贺，卫青的大姐夫，虽然在卫青第一次出击时，他也率部出塞了，但终因胆量小又过于保守等原因，虚晃一枪，即无功而返。后来，虽然多次出击，大多数是跟着卫青借光取得的胜利。

赵食其，这是第一次率军出击匈奴，此前未见经传。

曹襄，平阳长公主和平阳侯曹寿之子，虽然也算是将门之后，但到了他身上，早已经没有为将的雄姿了。另外，因卫青后来成了平阳长公主的驸马，曹襄也算是卫青的半个儿子。

卫青就是率领这样一个军事班子出征的。

从定襄出发后，连日来，卫青率大军并不见有大股敌兵，于是，不断地派出探马，四出侦察。侦察的结果得知：匈奴单于已经移居漠北的某地。卫青便想驱军深入，直捣虏巢。

匈奴单于的再次向漠北迁移，无形中又加大了汉军的攻击难度。这一战场局势，逼着卫青必须做出战术调整。

本来嘛！无论如何，五万人马，四路大军都是不可能挤在一起进攻的。于是，卫青决定采取两翼包抄，合围匈奴之策。

因为想到了汉武帝曾私谕的“李广年纪已高、运气又不好，不能用他当前锋抵挡单于”的话，卫青便以大将军的身份，自率左将军公孙贺、后将军曹襄从正面对抗单于主力，而让李广与右将军赵食其两军合并，从右翼进行包抄，相约进行合围。

这本是卫青作为大将军，根据战场形势和己方的实际情况，做出的正确军事决策，但是李广却不这么想。

李广认为这是卫青在故意刁难他。

李广之所以这么想的理由是：东道绕远，更是缺乏水草，因此不想前往。

因此，李广入帐自请道：“广受命为前将军，理应为国前驱，今大将军令出东道，殊失广意，广情愿当先杀敌，虽死不恨！”

应该说，大将军卫青是有涵养的，对老将李广一直尊重和忍让。他没有明言“你老了，你不能担当主攻任务”之类的话，来打击老将军的自信心，只是摇头不回答。彼时彼刻，不仅仅是卫青，即使是汉武帝想必也不好说什么的吧？

李广不领情，反而愤然趋出，怏怏起程。

右将军赵食其却是不置可否，没有说什么，只是与李广一同出发了。

老将军李广忠诚、勇敢，就是心胸有些狭隘和刚愎自用。说白了，就是不大度，没有容人之量。

人的思想是主宰着行动的。老将军李广带着不满出发了，满脑子想的是卫青在整他，在抢他的风头，哪里还会全神贯注于行军打仗呢。

右将军赵食其，本来就是个初涉塞外的新人，这回又是长途行军，一定是懵懂的。

因此，这样两位将帅，一个不用心，一个没经验，所率大军因迷路而失期，始终未赶来支援卫青大军，也就不足为怪了。

虽然历史不能假设，但在此不妨假设一下：如果老将军李广当了前锋，正面遇到了匈奴单于的主力，又会怎么样呢？其实，从下面卫青直接领军遭遇了匈奴大军主力之后，双方激烈的斗智斗勇场面，就可以略窥一斑了。

大将军卫青派出了李广、赵食其这路右翼大军后，便亲率精兵直奔漠北匈奴驻地而来。这时候跟随在他身边去完成任务的，是与他有“生死之交”的公孙敖。

大将军卫青率大军再长途奔袭了好几百里，刚进入漠北就遭遇了早已严阵以待的匈奴伊稚斜单于的主力大军。

匈奴军是一个崇尚武力的民族，哪一支部落的军备武力强大，哪一支才可以使人臣服，才可以成为单于，所以，此时伊稚斜单于的大军，应该说是匈奴军中最精锐之师，与左贤王部众的战斗力不可同日而语。

同时，正如一般人和赵信所想象的，伊稚斜单于也满以为汉兵千里行军，肯定已经累得筋疲力尽了，绝对不可能马上向匈奴阵营进攻的。

然而，伊稚斜单于和赵信等都想错了。也许，别人会如他们想象的那样，可现在站在他们对面的是——卫青。

卫青多年的强军准备，此时显出了成效，也派上了用场。

当汉军发现匈奴兵严阵以待的情况之后，不仅没有因为长途奔袭而显出疲态，反而是人马欢腾，斗志昂扬。

说实话，卫青初一见对面是匈奴的单于主力，多少是有些意外的，但是他马上不动声色地稳住心神。他深知：此时几万双眼睛都在看着他这个主帅呢！

首先，自己的阵脚不能乱。

卫青立即命令大军扎住营盘，并用武钢车四面环住，以备匈奴人乘汉军喘息未定，而来一次猛攻。

所谓武钢车，是一种有巾有盖的铁甲战车，也是古时行军的利器。武钢车的车体格外坚固，可作为活动的军营壁垒。铜墙铁壁的营盘既立定，接下来，卫青看清匈奴人不先动手，怕失掉攻击的良机，便立即派出精骑五千，正面前去向匈奴人挑战。匈奴人也出一万骑迎战。两军迅速展开激战。

激战到黄昏时，刮起暴风，尘土滚滚，沙砾扑面，两方军队互相不能见。卫青抓住战机，派出两支生力军，从左右两翼迂回到匈奴单于主力的背后，包围了单于的大营。

伊稚斜单于此时正在大营中，听得外面喊杀震天，来势汹汹，一时也摸不清状况。情急之下心中发虚，只想着逃避。于是，立即暗中率领数百名精锐骑兵突出营帐，乘着六匹马，径直向西北逃去。

其余匈奴兵仍与汉军力战，两军激战，一直杀到了半夜，彼此都有死伤。这时，有汉军左校尉抓捕了单于的数名亲兵，一审问才知道伊稚斜单于早在天没黑时就逃走了。这名校尉当即将此事禀报给大将军卫青。

卫青急忙派出轻骑追赶，然而已经来不及了。

等到天亮时，匈奴兵发现单于已经逃离，便也溃散逃命。卫青自率大军乘胜继续追击，汉军共掩杀阵斩万余人。

再急驰二百余里，才接到前面骑兵回来报告：单于已经远去，无从擒获，只有前面的真颜山有一座赵信城，贮有积谷，尚未运走。

于是，卫青径直来到赵信城中，果然有积谷贮藏着。正好接济一下汉军的兵马军需。卫青命众将士进城，饱餐一顿。

所谓赵信城，在今蒙古乌兰巴托市西，是匈奴伊稚斜单于对“自次王”赵信封赏时所建，因此，以赵信名为城名。

汉军住了一日，卫青就下令班师。在赵信城中匈奴囤积的粮草，除补足了汉军的给养之外，待汉军出城时索性放起火来，将城和带不走的粮草彻底烧毁。

卫青率本部胜利班师回到漠南时，才碰到迷路失期的李广、赵食其部。

大将军卫青只是言语斥责李广与赵食其两人逾限迟至，应该论罪。以卫青的性格，他这么做算是客气的，如果换成霍去病，说不定已经大开杀戒了。

赵食其未敢抗议，但是心高气傲的李广却不服，原本就不想东行，此时又因迂回失道，有罪无功，直气得须髯戟张，不发一语。

因为此事，后面还引发了李广的自杀、霍去病射杀了李广的儿子李敢，等等，一连串事件的发生，令人引以为憾。

此次战役，卫青从定襄出塞，北进1000多里，与匈奴伊稚斜单于所率主力相遇，经过激战，大败匈奴单于，斩获 1.9万余人，一直追到真颜山赵信城才胜利班师。漠北决战，卫青把沉着谨慎与大胆猛进有机地结合起来，表现出了很高的军事指挥艺术。自此，匈奴逐渐向西北迁徙，出现了“漠南无王庭”的局面。

霍去病在东，漠北大战全胜

汉武帝元狩四年（公元前119年），霍去病22岁。

春，汉武帝命卫青、霍去病各率骑兵五万，分别出定襄和代郡，深入漠北，寻歼匈奴主力。按照汉武帝的战略思想，霍去病被安排的角色是担当攻击匈奴主力中的单于主力部分。

也就是说，汉武帝原来的计划是由霍去病专门对付匈奴伊稚斜单于的，所以，给他配备的全是经过挑选的精兵强将。

霍去病率军从代郡出发。另有已是右北平太守的路博德从右北平出发，与霍去病会师于兴城，合兵后前进至梼余山。

此外，以李敢、高不识、赵破奴等做裨将，更是大胆地重用匈奴降将仆多、复陆支、伊即轩等人。

因此，可以说，虽然霍去病与卫青所统辖的兵力几乎相等，但是霍去病所率的这支大军，从统帅到士兵都是更富有攻击精神和追击精神的。

也是霍去病真的得到了“天幸”，以如此强大的阵容，攻击匈奴伊稚斜单于主力尚且不在话下，更何况是碰上了匈奴左贤王的部众呢？

卫青的出击路线是出定襄，也就是从现在内蒙古自治区呼和浩特附近出发，经过内蒙古自治区腹地而深入到现在的蒙古国，行军达一千余里。

而霍去病则是从代郡出发，在大漠地带纵横驰骋，行军两千余里。越过离侯山，渡过弓闾河，与匈奴左贤王相遇。

霍去病这位主帅发挥了他的游击天才。同时，霍去病此次出击所统率的是精锐部队，大部分将士是投降汉朝的匈奴人，他们习惯于在沙漠中行军作战。因此，霍去病能资粮于敌，远行不困。

其实，当霍去病率军北进两千多里，越过离侯山，渡过弓闾河，站在匈奴左贤王部对面时，左贤王先就开始发抖了。等到汉军发动猛攻，几个回合过后，左贤王就大败而逃。霍去病乘胜追杀至狼居胥山（今天蒙古国境内的肯特山）。

这次战役活捉匈奴屯头王、韩王等三人，以及匈奴将军、相国、当户、都尉等八十三人，歼敌七万零四百名。匈奴左贤王部几乎全军覆灭。

霍去病率军追奔逐北，所斩捕的匈奴兵将七万多级，竟然是卫青的三倍以上。并且，霍去病所率的汉军仅损失十分之二。这不能不说是奇功一件。

为庆祝这次战役的胜利，在狼居胥山，霍去病积土增山，举行了祭天封礼。在姑衍山，即今天蒙古国肯特山以北，霍去病举行了祭地禅礼。并且，霍去病还登临瀚海，即今天的俄罗斯贝加尔湖畔，刻石记功，然后凯旋还朝。

汉武帝发起规模空前的“漠北大战”时，22岁的霍去病已经毫无争议地成为汉军的王牌。

同时，汉武帝对霍去病的能力也无比信任。因此，在这场战争的事前策划中，原本安排了霍去病打伊稚斜单于，结果由于情报错误，变成了卫青对战伊稚斜单于。霍去病没能遇上他最渴望的对手，而是碰上了左贤王部。

无论如何，这场漠北大战完全可以算是霍去病的巅峰之作。

在深入漠北寻找匈奴主力的过程中，霍去病率部奔袭两千多里，以一万五千万的损失数量，歼敌七万多人，俘虏匈奴王三人，以及将军、相国、当户都尉八十三人。

这时的霍去病大约是渴望碰上匈奴单于的。

“独孤求败”的霍去病一路追杀，来到了今蒙古国肯特山一带。就在这里，霍去病暂作停顿，率大军进行了祭天地的典礼——祭天封礼于狼居胥山举行，祭地禅礼于姑衍山举行。

这是一个仪式，也是一种决心。

封狼居胥之后，霍去病继续率军深入追击匈奴，一直打到瀚海，方才回兵。

从长安出发，一直奔袭至贝加尔湖，在一个几乎完全陌生的环境里，一路大胜，这是怎样的一种成就！

经此一役，从此“匈奴远遁，漠南无王庭”。霍去病和他的“封狼居胥”也从此成为中国历代兵家人生的最高追求、终生奋斗的梦想。

而这一年的霍去病，年仅22岁。

这也难怪汉武帝会龙颜大悦，复增封霍去病食邑5八百户，加上以前所封，此时的霍去病食邑共一万七千七百户。

此外，右北平太守路博德封邳离侯、北地都尉卫山封义阳侯、故归义侯因淳王复陆支封杜侯、从骠侯赵破奴益封三百户、昌武侯安稽益封三百户、渔阳太守解赐爵关内侯，食邑三百户、校尉李敢赐爵关内侯食邑二百户……

漠北之战是汉朝进击匈奴最远的一次，也是由汉武帝导演的，由霍去病和卫青领衔主演的。

这场对匈奴的进攻性战争，改变了汉朝长期在对匈奴战争中的守势状态，一举彻底打垮了匈奴的主力，使之再无能力南下窥视汉朝。从而，长久地保障了西汉北方长城一带，也就是漠南地区的边境安全。

当然，汉军损失也很大，出征的十四万马匹，仅三万余匹返回。

此战必将永久载入史册，任由后人评说！

从此漠南无王庭，卫霍共同的胜利

元狩四年（公元前119年），卫青与霍去病联合出击的漠北之役，是汉与匈奴的大决战，也是他们二人的最后一次出击。

这一次决战，双方都动用了所有的精锐骑兵，结果匈奴大败。从此，匈奴已甘居劣势，无复当年的强劲状态，退居大漠深处，出现了“从此漠南无王庭”的局面。

对于汉军与匈奴军在此次决战中的胜败结果和对后世的影响，已经没有任何疑义。有人说，卫青对漠北战役的意义，实际上重于霍去病的封狼居婿，这也是司马迁在《史记》中将该场战役详加描写的主要原因。

从两位遭遇的对手上看：卫青对面的是匈奴伊稚斜单于的主力，而霍去病面对的只是匈奴左贤王的部众。两位对手的实力，不可同日而语。

因为，匈奴人是部落联盟制，单于的精锐部队是其统治其他部落的基础。如果单于的精锐部队弱了，其他部落王就可能取而代之。因此，为了自己的单于之位考虑，单于也会将自己的部众训练得更强大。

当匈奴伊稚斜单于在面对卫青的攻势突围逃走后，仅仅有十几天的时间，完全和他的部众失去联系，而就在这期间，匈奴内部就发生了混乱，一度，曾有右谷蠡王自立为单于。后来，是伊稚斜重新找到了他的部众，右谷蠡王才去掉单于称号的。

从两位所率将士的素质上看：虽然人数上大体相同，但是，素质上却有很大的差别。霍去病所率领的将士都是他自己挑选的生力军，在作战能力和攻击精神上都堪称精锐之师。而卫青所率领的将士，为将者，不是老得刚愎自用，就是弱得扶不上台面；为士者，都是霍去病挑剩下的。

首先，在部署作战任务时，老将李广就不服从调遣。其次，由于李广、赵食其部没有按时到达，使得对敌人数上也处于了劣势，分兵合围的计划更无法实现了，致使伊稚斜突围逃走。

从两位的战果上看：卫青虽然只杀了伊稚斜单于卫队1.9万余人，却付出了惨重的代价。而霍去病斩捕七万余级，自身只损失十分之二。

卫青率军是穿越沙漠，长途奔袭，自然会兵疲马乏，而伊稚斜所率领的不仅是匈奴最精锐的单于卫队，并且以逸待劳，早已经设下埋伏。不利再加上不利，卫青在此战中，经历了前所未有的生死之险，最后，卫青沉着应变，治军有方，才以惨胜结束战斗，但战果比卫青的期望值相差得太远了。

对战果，连卫青自己都不满意，何况汉武帝了。

后人在评价漠北之战时，大多为李广、赵食其部被分兵走东道而喊冤，认为这是卫青为了夺功，故意让李广、赵食其部绕道的。

其实，如果说冤枉，更冤枉的应该是卫青！

出征茫茫大漠，纵然是五万人都渺小得如一棵草，何况在汉武帝时代，消息的传递往往会产生很大的误差。彼时彼刻，即使是卫青，他怎么会事前预见得到善于游走的匈奴人会在哪里呢？如果可以，卫青何苦会使自己面对的是匈奴伊稚斜单于的主力呢？要知道，就连皇上布置给他的任务，都是打击较弱的左贤王。

那时，既然对前方之敌的情况只是一个模糊的预判，作为一个大将军，选择分兵合围之策，现在看来也是上策。

同时，为了照顾老将的面子，在皇上已经暗中授意的情况下，不把事情挑明。

想必在战斗中，大将军卫青一定焦急万分地、盼星星盼月亮地盼望着李广、赵食其部的到来吧？

更有甚者，在战后的总结时，李广竟然以死相逼，将卫青置于不仁不义的地步，让当朝人不理解，让后世人不明真相，使卫青落下一个千古骂名。

殊不知，此战，由于分兵合围的计划没有实现，使卫青失去了全歼伊稚斜单于卫队、杀死伊稚斜单于、名垂千秋的机会。此战，如果不是卫青用车守骑攻的新战术，卫青有可能就战败而身败名裂了。

好在卫青能够沉着应战。

卫青大军一出沙漠就遇匈奴单于主力的严阵以待。

卫青首先环车为营，自立于不败之地。如果匈奴人借汉军立足未稳发起冲击，那么，汉军则可依托武钢车阵，发挥强弩的威力，先以防御作战消耗敌人，然后后发制人发动攻击，这就大大削弱了敌人以逸待劳的有利条件，从而使己方夺得了战场的主动权，这也正合乎孙子所说的："先为不可胜，以待敌之可胜。"

战场上，当大风骤起之时，对双方造成的困难是完全相等的。取胜的因素主要看双方指挥官的智勇和军队的素质。

卫青能够占敌先机，立即率领大军进行合围，充分显示了卫青的胆略。而匈奴主力陷入包围，这时军队的素质也起了重要作用。

汉军训练有素，赏罚严明，纵然在两军互不相见的情况下，卫青的号令仍能层层下达，坚决执行。

而匈奴军不知汉军真正实力，还未开战，其战斗意志已经完全瓦解。同时，匈奴军素来就"不羞遁走"，善于作鸟兽散。此时各级组织已失去指挥，各人自顾逃命，再加上单于本人一走，胜败之局其实就已经定了。

漠北战役，匈奴伊稚斜单于吸取了前几次的教训，将部族和牛马羊远迁到北方，只留下精兵在沙漠以北与卫青决战，因此，卫青没有缴获，只占领了赵信城，而城中也只有粮食和干草。因为要跨越沙漠不可能带走粮食，只能补充自己，多余的也只好放火烧掉。

在这次战争中，卫青创新地采取了武钢战车结环为阵的防守反击法，骑兵进攻的车守骑攻战术和分兵合围战术等等，克服了汉军刚刚穿越沙漠，兵疲马乏，骑兵人数少于伊稚斜主力等缺点，一举击溃了伊稚斜以逸待劳的精锐主力部队。

卫青的漠北战役，尽管只杀了一万九千余人，却全部是单于的卫队精兵，没有一个老弱者。这使匈奴单于的统治基础受到了沉重打击，使匈奴在相当长的一段时间里，自顾不及，不可能再与汉军作战。

同时，卫青在漠北战役中采取的新战术，充分展示了他作为伟大的军事家、统帅的能力，并为后世军事家所效法。

比如，唐朝的大军事家李靖，在征讨吐谷浑军的战役中，就采用卫青分兵合围的战术。

再比如，南北朝的刘裕，在北伐对付南燕剽悍的骑兵时，也曾效法卫青战车结环为阵防守、骑兵进攻的车守骑攻的战术来抵御骑兵的冲击。

总而言之，经此一战，从此漠南无王庭，这是卫青与霍去病共同的胜利，归根到底，这是大汉朝的胜利。

最后奉上一首唐·杨凝的《送客往鄜州》诗，来体会一下后世人对卫青与霍去病的评价与爱戴吧！

《送客往鄜州》

唐·杨凝

新参将相事营平，
锦带骍弓结束轻。
晓上关城吟画角，
暗驰羌马发支兵。
回中地近风常急，
鄜畤年多草自生。
近喜扶阳系戎相，
从来卫霍笑长缨。
汉家宫殿含云烟，
两宫十里相连延。

以战养战，卫七霍六击匈奴

盘点卫青与霍去病的战况：

卫青，在十余年（公元前129年—公元前119年）的时间内，总共七次进击匈奴，共斩捕匈奴五万多人，与单于作战一次。奇袭龙城，收复河南地，置朔方郡。因功受封，卫青自己共有封邑一万六千三百户。另外，三个儿子也均受封，其中，卫伉封宜春侯，卫不疑封阴安侯，卫登封发千侯。三个儿子又各领一千三百户，合计二万零二百户。

霍去病，在不到五年（公元前123年—公元前119年）间，共六次进击匈奴，其中两次随卫青出征，自己为将四次，共斩捕匈奴11万余人，招降浑邪王及其众数万人，号称为十万。四次受益封，共一万七千七百户。开拓河西、酒泉地，使大汉的版图扩展到了玉门关，并打通了河西走廊通道。

由此，从军功上看，霍去病比卫青大得多。从效率上看，霍去病也要比卫青高得多。

卫青与霍去病同为一代名将，他们可谓是雄才大略的汉武帝的左膀右臂。如果缺了谁，结局都不会如此完美。

卫青与霍去病他们俩采用的进攻战术方法，都是深入敌境，出奇制胜，远程奔袭，迂回包围的闪电战。

只是，卫青为此种战法的开创者，而霍去病将之发扬光大。

卫青的首次出征，他就果敢而冷静，敢于出其不意地深入险境，直捣匈奴祭天圣地龙城，因此，俘虏近千人，取得了四路出击唯一的一路胜利。

在西汉对匈奴的第一次大战役——河南之战，卫青领四万大军从云中出发，采用“迂回侧击”的战术，从西面绕到匈奴军的后方，迅速攻占了高阙，切断了驻守河南地的匈奴白羊王、楼烦王同单于王庭的联系。

然后，卫青又率精骑，飞兵南下，进入到陇县西，形成了对白羊王、楼烦王的包围。两王见势不好，仓皇率兵逃走。于是，汉军活捉敌兵数千人，夺取牲畜数百万之多，完全控制了河套地区。

还在霍去病随同卫青进击匈奴于漠南时，他就率轻勇八百骑，离开主力大军数百里，单刀赴会，直入匈奴腹地。

当霍去病率军似天兵天将出现在匈奴驻地时，匈奴人都被惊呆了！

接下来，匈奴人就只有束手就擒的份儿了。最后，霍去病一战斩捕敌人二千零二十八人，其中包括相国、当户的官员，同时也斩杀了单于的祖父辈籍若侯产，并且俘虏了单于的叔父罗姑比，勇冠全军，以一战而封冠军侯。

最后一次霍去病与卫青联合进击漠北，寻歼匈奴主力。霍去病率军北进两千多里，越过离侯山，渡过弓闾河，与匈奴左贤王部接战，歼敌七万零四百人，俘虏匈奴屯头王、韩王等三人及将军、相国、当户、都尉等八十三人。此后，又乘胜追杀至狼居胥山，举行了祭天封礼，在姑衍山举行了祭地禅礼，最后，兵锋一直逼至瀚海。

此战也是汉朝进击匈奴最远的一次。

可以说，是卫青与霍去病正确地运用了一系列行之有效的战略战术，再加上自身所拥有的沉着冷静、勇敢顽强等素质，才使得匈奴人闻听卫青与霍去病之名就心虚胆寒，而卫青与霍去病就不战而屈人之兵了。

当然，卫青与霍去病的长途奔袭等战略战术能够得以实施，战马是很重要的一环。

汉军与匈奴的战争开始时，匈奴的战马品种比汉朝的要好，而以游牧为生的匈奴士兵，比汉朝士兵也更擅马战。加上汉朝士兵对匈奴境内的环境不太了解，所以，几十年来汉军形成了害怕匈奴，认为匈奴骑兵是不可战胜的心理。

卫青一击匈奴之后，才打破了匈奴骑兵不可战胜的神话。

当时一匹战马值三十万贯钱。为了节省军备开支和补充战马来源，汉武帝曾下诏颁布养马政策。

注定了，汉朝与匈奴的战争是持久战。

战争双方不仅拼的是将帅和士兵，同时也拼物质基础。汉朝的物质

马、钱等，而匈奴的物质基础是牛、马、羊和水草丰美的

当然，牛、马、羊及水草丰美的草原，也是匈奴人赖以生存的基础。

在战争期间，卫青采取的是以战养战的方法，而霍去病则采用的是取食于敌的供给方式。虽然方法不同，但均有效地解决了战时的给养问题。

在河南战役时，卫青战楼烦王、白羊王，杀敌五千余人，缴获牛、马、羊百万头。

在漠南战役时，卫青战右贤王，俘男女一万五千人，又获牛、马、羊千百万头，以至于完全击垮了右贤王。

这两次战役，卫青虽然杀敌不多，却从生存基础上完全摧毁了楼烦王、白羊王、右贤王所部，占领了匈奴的水草肥美之地。对匈奴整个经济产生重大影响。使该三部只剩下等待饿死的人，只能各奔东西，自找生路。以后数十年不见楼烦王、白羊王、右贤王所部对汉朝进行侵扰。

卫青的河南战役、漠南战役及丰厚的缴获，沉重地打击了匈奴，并使汉朝从战争中获得一定收益。可以说，这才是汉武帝封卫青为大将军，并将卫青一门封为四侯的真正原因。

卫青打仗并不重在杀敌多少，而是重在实现战略目标，重在给敌人经济以重大打击，重在获取敌人物资，以战养战，使敌人失去生存的基础，从而打败敌人。

卫青的这种战略思想，还可从卫青采取的春天烧匈奴草原，饿死匈奴的牛、马、羊的战术中有所体现。该战术也为后人所称道。

在卫青六击匈奴之时，汉军并没有因为缺少马匹而不能攻击匈奴，主要是由于获得了匈奴优良的种马，而马的品质越来越好，使汉朝骑兵的速度越来越快。

因此，可以说，汉军骑兵的越来越强大，与卫青夺敌人战马，夺敌人物资，以战养战是分不开的。另外，除了马匹直接用于作战，牛、羊也是可以变钱的物资，这对汉朝经济发展和增加军需，效果也是非常明显的。

卫青以战养战的方法以及汉武帝的养马政策，终于使汉朝逐渐改进了军马的品质，培养出了汉朝最优秀的骑兵。

而霍去病早在当骠姚校尉时，就大胆采用俘虏来的匈奴兵，不仅让匈奴兵教会了汉朝兵匈奴的骑兵战术，而且成了汉军打匈奴的向导。同时，解决了在沙漠行军打仗，寻找水源的问题。

总之，汉武帝一手推出的卫青与霍去病，对培养强大的汉军骑兵功不可没。

当汉军骑兵成为比匈奴单于卫队更为强大的骑兵时，打败匈奴骑兵自然也就水到渠成了。

所以说，卫青七击匈奴，霍去病六击匈奴，未尝败绩，这是以战养战的结果。

甥舅亲厚，卫氏受屈难鸣

人生的博弈不仅仅是在战场上，即使是为打仗而生的人，也有着七情六欲。当战场上的硝烟慢慢散去，金戈铁马的嘶鸣与呐喊渐渐平息，生活中的琐碎之事，就会一点点儿放大，放大，再放大……

褪去了战袍的霍去病与卫青，又恢复到了甥舅关系。

俗话说：一山不容二虎。

面对着荣辱得失，均已经功成名就的卫青与霍去病，还能无嫌隙地保持着亲厚的甥舅关系吗?

汉武帝在对待军事将领的政策上，有着一套完整而严明的赏罚标准。这种标准是按照每一个将领所率领的士兵数目，而订出的一种斩获或损失的比例规定。

具体规定如下：斩获的数目，如果正好达到标准，叫作“中率”，要受赏；超过标准，叫作“过当”，要受重赏。损失的数目，如果超过规定，叫作“失亡过多”，要受处分；如果不及规定的数字，便算是功。

这样的规定，优点很多，可以极大地调动全体参战人员的积极性。然而，任何一个条例或规定都不可能是十全十美的。

汉武帝这样的赏罚规定，缺点就是：只看结果，不看过程。

因此，漠北之战，汉武帝对于在西部战场作战的人员，虽然也知道他们的辛苦与努力，并不在东部战场霍去病的人员之下，却因为：第一，他们没能活捉单于，总算是失职；第二，他们的斩获，比起东部战场上的数目，确实是太少了。所以，霍去病因功加封食邑5八百户，而卫青却不得益封。

再从部下所得到的赏罚情况看：霍去病的部下尽皆得封，有赏无罚。而卫青的部下，有赏有罚。赏，只有西河太守常惠赐爵关内侯，云中太守遂成秩诸侯相，赐食邑200户。罚，李广含羞自杀，赵食其失道当斩，贬为庶人。

汉武帝只是特别设置了大司马这个官职，令卫青与霍去病两人共同兼任。

大司马是中国古代对中央政府中专司武职的最高长官的称呼，类似于后世的“兵马大元帅”。

早在上古及商周时代，有战事都由大司马掌控调配，而在平常时仍设置大司马，负责日常的军事行政事务。如黄帝时的大司马为容光，西周的大司马为姜子牙，齐国的大司马为司马穰苴。

到了秦代，在中央政府设立太尉，不置大司马。

西楚国项羽封龙且为大司马。龙且是项羽手下第一猛将，自幼与项羽一起长大，情若兄弟，深得项羽信任。因此，大司马在西楚也是最高武职。

西汉初期，在中央政府中设立太尉，不置司马。

等到了建元二年（公元前139年），汉武帝刘彻罢黜太尉一职，元狩四年（公元前119年），开始设置大司马，以大将军卫青、骠骑将军霍去病功多，特加号大司马，以冠将军之号。

因此，汉武帝时特设大司马来代替太尉的职权，但是无印绶，是增加的官衔，其地位的高低要靠所加将军的地位来体现。

在西汉，有资格冠加为大司马的有四类将军，即：大将军、骠骑将军、车骑将军、卫将军。其中大将军、骠骑将军位次丞相，车骑、卫将军位次上卿。冠加大司马后，其位秩不变，大司马大将军尊比丞相，大司马车骑将军贵比上卿。大将军、骠骑、车骑、卫将军，因为有了大司马这一加官称号，得以名正言顺地管理日常的军事行政事务。

汉武帝临死时，授霍光以大司马大将军辅政，因为汉昭帝年幼，所有政事皆由霍光定夺。此后汉成帝即位，王凤为大司马大将军辅政。当然，这些都是后话了。

话说大将军卫青与骠骑将军霍去病一起被汉武帝封为大司马，并且规定两人的官阶与待遇完全相同了。

可以说，卫青与霍去病同拜大司马，开启了有汉以来加官大司马的先河。然而就卫青的个人地位而言，与霍去病平起平坐，其实是名升实降。

因此，从此以后，卫青的政治地位日下，霍去病的政治地位日升。卫青的门下故人纷纷投到霍去病的门下。这一批人一投到霍去病的门下便马上得到官爵，更加刺激了在卫青的门下之人，也改投霍去病了。到最后，卫青家门可罗雀，只剩下一个任安一直守在卫青的门下不去。

对门人们的如此趋炎附势，卫青只是微微一笑说：人们追求功名没错，可以理解。毕竟人往高处走，水往低处流！

其实，卫青本来就不喜欢养士。

卫青的部下苏建，曾经劝说他养士以得到一个好名声。然而，卫青认为养士会让天子忌讳。比如，以前窦婴和田蚡厚待宾客，就常让皇上切齿痛恨。卫青认为：作为臣子只需要奉法遵职就可以了，何必为了求得好名声而去养士呢？

当卫青声誉正隆时，那些门人们纷至沓来，赶都赶不走。卫青也不好太过于无情地驱逐，怕反而会被人误以为他心高气傲，派头十足，好摆臭架子，因此，也只有听之任之了。

这下可好了，门人们自动离开，正合了卫青的心意。

霍去病与舅舅卫青的关系亲厚，也跟卫青抱有同一种看法。虽然战功显赫，但也从不结党，更不喜欢养士。

此外，霍去病与卫青在许多事情上都表现出一致性。他们既有甥舅情，又有师徒的情分，更像是一对父子。更多的时候，卫青是把霍去病当作了自己的接班人看待的。

其实，少时受苦的卫青身体并不好，随着年纪渐长，加之汉代医疗条件有限，卫青不再适合常年奔战。因此，在收复河朔封长平侯到奇袭高阙拜大将军，相隔有三年时间，汉朝没有出塞进击匈奴，应该说，和卫青身体状况也是有些关系的。

漠北大战之前，卫青也曾四年没有出征了，幸好有他的外甥霍去病领军出征。汉武帝有了可派将帅，而卫青算是有了接班人，他总算是可以心安理得地享受一下天伦之乐了。否则，国家需要他，皇上召唤他，他焉能退缩，或岂敢不出征？

应该说，这也是正常的新老交替。卫青作为大汉一人之下，万人之上的最高军事首脑，不可能次次亲自出征，而不给新人出头的机会。同时，卫青作为位高权重的万户之侯，已封无可封，为避嫌而不再出征，而作为卫青的外甥和皇帝的爱徒，霍去病的成长是皇帝和卫青都乐见其成的。

人们以此来判断，卫青与霍去病谁更得皇上恩宠，或者谁得到的赏赐多，或者妄加断定卫青与霍去病心生嫌隙，那就是以小人之心，度君子之腹了。

最后，用唐代杜牧的《贵游》诗来做此章的结束语！

朝回佩马早凄凄，年少恩深卫霍齐。
斧钺旧威龙塞北，池台新赐凤城西。
门通碧树开金锁，楼对青山倚玉梯。
南陌行人尽回首，笙歌一曲暮云低。

第七章　战神落幕：一代名将的家园情怀

认祖归宗，忠孝可以两全

霍去病是私生子。他的父亲是平阳小吏霍仲孺。

这件事大家早就知道了，唯独霍去病自己在当上将军后才知道。也并不是母亲卫少儿的刻意隐瞒。母亲鉴于卫青的境遇太可怜的关系，始终没有让霍去病离开自己的膝下，甚至是带他嫁入了陈家。这样，霍去病的童年生活自然就比舅舅卫青幸福得多了。

直到霍去病由少年进入青年时期的某一天，也许是当他已经成为骠姚校尉之后，母亲卫少儿告诉他说，眼前被他一直称为父亲的陈掌，并不是他的生身父亲。他的父亲是僻处平阳县的霍仲孺。

“噢！难怪我姓霍，而不姓陈了。”霍去病心想，“找机会，无论如何得去看一看自己的父亲。”

汉武帝元狩二年（公元前121年），对霍去病来说，注定是不平凡的一年。

一开春，汉武帝就封霍去病为骠骑将军。然后，汉武帝就派19岁的霍去病领兵进击河西。他长驱直入，大获全胜。到了夏天的时候，汉武帝决定乘势全部扫除匈奴在河西地区的势力，打通进入西域之路，于是发动了第二次河西战役。当然，霍去病又领衔担任攻击主力。结果，又迎来了一场无人能敌的胜利。

在班师回朝的时候，已经拜将封侯的霍去病边走边想：是时候了，该去认祖归宗了。

于是，霍去病顺道到了他未曾住过一天的故乡——平阳。

这次班师途中，大军行至平阳县境。此时，一队人马远远地迎着大部队飞奔而来。

还没等霍去病发问，这队人马中领头之人便已来到了霍去病面前，躬身施礼道："下官乃是平阳县令，今闻大将军班师路经本县，眼见天已过午，特来请将军和一众属下前往县衙歇息。"

霍去病正在思虑前往平阳县一事，没想到县令先到了，随即道："也好，咱们就去趟平阳县，有劳县令了。"当即，霍去病安排好大军择地安营扎寨，而自己则只带着赵破奴、高不识及十几位亲兵卫队，跟随县令向县城而来。

"霍将军今天这是怎么了？以前可是很少打扰地方的。今天这个平阳县是中了什么彩？"高不识在赵破奴耳边低声说道。

"跟着就是了，哪里有那么多的废话。"赵破奴口中这样回答，其实心中已经隐隐猜测到，将军此行定是与身世有关。早些时日，坊间已有不少传闻，说霍将军是个私生子，其父就在平阳县。

县令一路上向霍去病介绍着平阳县的风土人情，然后，又极尽讨好巴结的口气说道："霍将军的威名，现在早已经传遍了平阳呢！"

霍去病笑而不答。他知道：从他一战而封侯的时刻起，就已经成了满朝文武及大小官吏关注的焦点。当然，人们关注的不可能仅仅是军功，肯定还包括根基来历，甚至是查到你的祖宗八代。查就查吧！大丈夫顶天立地，本来我霍去病也从来是站不更名，坐不改姓的。

平阳县衙很快就到了。下了马，霍去病随县令走进了县衙。

县令吩咐下去沏茶倒水，准备酒菜。在等待上菜的工夫，县令介绍着平阳县这两年的收成情况，却发现霍去病对这些并没有什么兴趣，最多只是礼节性地点点头而已。到最后，实在没什么可说的了，双方陷入一阵尴尬的沉默。

此时，霍去病的心里在想什么呢？

当然，在想他的父亲，想那位未曾尽过一天当父亲的责任的父亲，想着如何与他20年来从未曾谋过面的父亲相见这第一面。

"请问县令大人，贵县有没有一位叫霍仲孺的县吏？"霍去病终于问出这句话。长这么大，他还是第一次亲口说出父亲的名讳。他既然到了平阳，那么想见父亲的心情就越发迫切了，哪里还有心情谈及其他了。

"有，有，有，只是他现在已经不在县衙供职，当起教书先生了。"见霍去病突然提到了霍仲孺这个名字，再联想到与这位将军同姓霍，虽然不知道具体细节，但至少是有些渊源的。因此，县令不敢怠慢，连声回答着。

“他家住在哪里？”霍去病追问道。

“就在城东头。”县令说着，又加了一句，“要不要命人将霍仲孺请来？”

霍去病下意识地点点头。县令刚要吩咐下去请人，突然又听霍去病说：“慢，稍等。贵县不用派人去了，只需准备两套便服，指明方向即可。”

“要不然，待将军用过餐后，再去派人引领将军前去吧？”县令请示道。

“不必了。”霍去病简短地说了三个字，一边说着，一边已经站起身。县令赶紧命人取来两套便服，帮着霍去病与另一位将领换上。

县令暗想：看来这个霍仲孺对霍将军的意义可是不一般。

县令又一想：也是啊！人家霍将军在茫茫大漠都没有迷路，在咱这个平阳城里，还有他找不到的地方吗？

先不说县令如何想的了，只说换好了便装的霍去病，只带上赵破奴，两个人信步向平阳城东走去。赵破奴此时已经完全明白主帅的意图了，二话没说，只是紧紧地跟随着。

霍去病与赵破奴两人逆着红彤彤的夕阳，信步由城中央走向城东头，夕阳将他们的身影拉得很长，他们感觉一直是踩着自己的影子在前行。

不多时，远远地，可见城东头一片低矮的民居，也被夕阳映照得红彤彤的，再配以袅袅升起的炊烟……这一刻，霍去病突然就有了回家的感觉。

在一户人家的门口，看到一个十来岁的孩子在玩耍，霍去病走近前问道：“请问小哥，哪家姓霍？”

“你是要找我们家吗？我家就姓霍。”小孩子边打量着他们边回答着。

“此处还有别人家姓霍吗？你叫什么？你家大人名讳叫什么？”霍去病一下子问了一串问题，自己都觉得问得太急切了。

“此处仅我们一家姓霍，我叫霍光，我父亲叫霍仲孺。”小孩子聪明地对答如流。

霍去病心想：就是这里了，看来，我至少还有个弟弟。

“读书了吗？”霍去病仿佛立即进入了哥哥的角色，轻声问道。

“嗨！那些圣贤书啊，无趣得很。我都背得滚瓜烂熟了，父亲却还是让翻来覆去地一直念，一直念……”霍光小大人似的，夸张地摇晃着脑袋，清亮的眼睛闪闪发亮。

呵呵，霍去病暗自笑道：这弟弟和我道是有几分相似。当下心中更是喜欢。于是，摸了摸霍光的后脑勺儿，以示赞赏。

“跟我来吧。”霍光也似乎感觉到了霍去病的亲近，牵着霍去病的手，朝院子迈进。

“父亲，这两位大哥哥找您。”进了院子，霍光向正在院子里忙碌的一男一女两位中年人介绍着霍去病。

霍仲孺停下手中的活计，吃惊地看着小儿子霍光带进来的霍去病和赵破奴。他并不认识这两个人，但隐隐觉得，为首的这个青年似乎和自己有着莫大的关系，当下心中有些惴惴不安。

此时的霍去病也是百感交集，望着眼前叫霍仲孺的中年男人，他感觉到既陌生又熟悉。这就是自己应该称作“父亲”的人吗？

血缘真是个很奇怪的东西，它能让从未谋面的两个陌生人，在一见之下便情不自禁地找到相似的味道。

那一刻，空气仿佛都凝固了，人们的五官也宛如只有眼睛的功能在使用。对望，凝视，探寻……

也不知道过了多久，是霍仲孺首先打破了沉默，问：“你们是？”

终于，霍去病有了动作，他含泪跪拜道：“父亲，去病早先一直不知道自己的身世，未曾前来相认，还请父亲大人原谅儿子的不孝。”

一声“父亲”喊得霍仲孺心中既愧又惊，往事一幕幕重新浮现在脑海。当年他真是亏欠卫少儿太多。他是知道卫少儿有了身孕的，但懦弱的他甚至都没等到孩子的出生就逃了。没想到20年前卫少儿生下的竟然是如今威震敌胆的骠骑将军。既然为父亲的没有养育，做儿子的又何谈尽孝啊？

霍仲孺愧不敢应，匍匐叩头说：“老朽得托将军，此天力也。”

随后，霍仲孺与霍去病相拥、想泣、相认……这一幕，想必此时在都城长安的卫少儿也安心了吧！

面对眼前发生的一幕，惊诧的还有霍光。他没想到一直以来自己崇拜的偶像——霍去病，竟然就出现在了他面前，而且，看情形，霍去病和自己还有如此莫大的渊源。

此时的霍光还没想到：从这一刻起，霍家和他的命运就要有新的转折了！

行冠礼，完成人生大事

霍去病在班师回朝途中与生父霍仲孺有了平生第一次的见面。这次见面，可以说是霍家历史性的会晤。霍去病从此对他的生父产生了极深厚的情感。本来，霍去病想要在家中多留住时日的，但是又发生了浑邪王投降一事，因此，霍去病又领命三进河西，去受降浑邪王。

临走时，霍去病请平阳县令帮着他置办田宅、奴婢等事宜。

平阳县令闻听，面前这位集骠骑将军、冠军侯爷、外戚、皇上身边的红人等等身份于一身的人，竟然是不起眼的小县吏、教书先生霍仲孺的亲生儿子，对他交代自己办的事，岂敢怠慢？当下，平阳县令赶紧去物色和张罗去了。

待霍去病强势受降浑邪王，再一次班师回朝时，他又一次来到了平阳。

此时，霍去病已立下了不世功勋，而他替父亲置办的田宅奴婢也已经由平阳县令帮忙办妥。

霍去病回来后，霍家举行了一个不大不小的搬迁入驻仪式。

当鞭炮在新居前齐鸣时，霍去病看到了父亲霍仲孺容光焕发的脸，看到了后母舒展了往日的愁容，看到了弟弟霍光活蹦乱跳的快乐的小脸儿……

霍去病心想：当初他可以不愿做胎中的我的父亲，在我知道了前因后果之后，却不可以不认祖归宗。谁说忠孝不能两全呢？现在，我终于为国家尽忠了，也为霍家尽孝了。没想到，这个结果却历经了近二十年。

是的，此时已是元狩二年（公元前121年）的冬日。

盘点过去的一年，从春天被任命为骠骑将军，到春、夏、秋的三进河西，也许，别人穷极一生也不可得的辉煌，而霍去病却在一年内完成了。这不能不说是霍去病的幸运了。

而让霍去病最最幸福的是，在这一年里，他还找到了父亲，找到家，找到了自己的根……是的，可以说，霍去病是名利、忠孝双双丰收了。

霍去病心下暗想：仅凭这一点，自己就比舅舅卫青幸运了吧？然而，也许是舅舅与自己回家的时机不一样。如果舅舅也是功成名就之后，才衣锦还乡，那么又会是怎么样的境遇呢？

父亲，家，成长……霍去病在想着这些字眼时，突然想到了一个人生大事——行冠礼。

20岁时，由父亲给主持行冠礼，是一个男人一生中最重大的标志性事件。尽管霍去病在18岁时，就开始并可以独当一面了，但是，他仍然很渴望那个神圣的仪式，渴望那个由父亲为儿子举行的成人礼。

眼看着就要到20岁了，在这个冬日里，突然之间，霍去病竟然有了一丝孩子般的惆怅。

虽然，霍去病为从未尽过一天父亲之责的父亲霍仲孺置办了田宅，但是，毕竟他对父亲霍仲孺是陌生的。而父亲霍仲孺也始终不敢正视他，对他低声下气地客气着，歉疚着……

在新家搬迁的当晚，霍氏父子俩有了一次长谈。

霍仲孺低着头，首先开了口：“老朽得将军如此厚爱，惭愧之至，惭愧之至啊！”

“爹，我是您儿子。虽然当了将军，但永远是您的儿子啊！您也是一位饱读诗书之人，难道您希望您的亲生儿子，是一位不忠不孝，连亲爹也不认的忤逆之人吗？”霍去病急声说道，“娘已经不怪您了。也许当初您的选择是对的，是为了娘好。无论如何，一切都过去了。”

听说卫少儿不再责怪自己，霍仲孺的心里才好受了许多。于是，他抬起头来，含着泪说：“儿啊！二十年来，为父从来没有为你费过一点儿心，既然你认了我，那么，也让为父替你做一件理应为你做的事吧！”

闻听父亲之言，霍去病心一动，随即，他跪伏在父亲的膝头，孩子似的号啕大哭起来。

真是知子莫若父，霍去病不能开口说出的话，父亲却已经想到了，霍去病岂能不喜极而泣呢？

天明之时，霍家上下张灯结彩，开始张罗着为长子霍去病行冠礼的事宜了。

霍仲孺是一位儒生，对成人礼的礼节当然清楚。此前，霍仲孺也多次以赞者（助手）的身份参加朋友之子的成人礼，而如今，他也终于有机会当筮宾，亲自为儿子行加冠礼了。

所谓筮宾，是负责给受冠者加冠的人，一般由冠礼的主人，也就是将冠者的父亲来担任。当然，也有邀请家族或宾朋中德高望重的男子来担任的，因为，总有父亲或去世或有其他原因不能或不方便到场的情况存在。

古人不仅仅认识到了成人礼的重要性，而且举行冠礼的仪式也是十分隆重繁杂的。主要程式有：占卜、挽髻、加冠、拜见尊长和取字等等。

霍仲孺按照行冠礼的程序——占卜、挽髻、加冠、拜见尊长和取字，有条不紊地做好了相应的准备，如，占卜了吉日，通知了观礼的亲朋和同僚等嘉宾，置办齐了行冠礼一应物件，甚至仪式的具体细节也进行了认真的策划。

霍仲孺按行成人礼的程序一一进行，在众多嘉宾的见证下，霍仲孺为儿子霍去病举行了隆重的加冠礼。

在新居祖庙堂上的东序之前、东阶之上，设置了霍去病受冠的席位。应该说，这是霍仲孺特意安排的。

因为，古礼是有讲究的：如果是嫡子加冠，就在东序前、东阶上，这个地方是主人接待宾客的位置。嫡子在这里加冠，表明确立了他的继承权，今后可以代替主人接待宾客了。如果是庶子加冠，只能在房门的外面举行。

加冠礼正式开始的仪式第一项——挽髻，意思就是，借此仪式，通过嫡庶之分，确定继承权。当然，霍去病不需要继承权，这么做只是表明父亲霍仲孺的一种态度。

挽髻仪式开始了。

受冠者霍去病，在人们的注目下，从东房里走出来，跪坐在了为他设置的席位上。首先由赞者为受冠者霍去病梳头，然后再用帛缠发髻，并盘在了头上。

接下来进行的是神圣的加冠仪式。

按古礼，加冠也是有很多讲究的：比如，按照受冠者的士、诸侯、天子等身份等级，加冠的次数也是不同的，分别为三次、四次、五次，称为始加、再加、三加。

始加缁布冠。这是用黑麻布制作的一种帽子，据说是周人太古时所戴。加缁布冠，目的是要受冠者尚质重古，永不忘本。当然，平时人们已经不戴这种帽子了，只是在行冠礼时象征性地戴一下。

此时，作为筮宾的霍仲孺捧着缁布冠，站在了儿子霍去病的面前，口中念念有词："在今天这个吉庆的日子里，为父第一次为吾儿加冠，希望吾儿从此去掉小孩子脾气，谨慎地修养成人之德。愿吾儿长寿吉祥，广增洪福。"说完，霍仲孺亲手为儿子霍去病戴上了缁布冠。然后，赞者上前，为霍去病系好了冠缨。待这一切做好之后，在人们的掌声中，霍去病被引领着回房换衣服去了。

等到霍去病再次出现在祖堂之上时，第二次加冠又开始了。

再加皮弁、配剑。皮弁是用几块白鹿皮缝制而成，皮块相接处缀以五彩玉石。这是用来确定生杀予夺权的意思。

霍仲孺让霍去病就座后，先由赞者为霍去病摘掉了缁布冠，重新梳理头发，并插上了束发笄。然后，霍仲孺接过皮弁，又是念念有词："选择吉月良辰，为吾儿再戴皮弁冠，端正吾儿的容貌威仪，谨慎吾儿内心的德行，愿吾儿长寿万年，上天永远降吾儿福祉。"言毕，霍仲孺为霍去病戴上皮弁，最后，又在腰间挂上了配剑。

三加爵弁。这是确定祭祀权的意思。爵弁冠的颜色红中带黑，与雀头（又叫爵头）相近，所以称为爵弁冠。

霍仲孺的祝词："在这吉祥的年月，为吾儿完成加冠的成年礼，亲戚都来祝贺，成就吾儿的美德。愿吾儿长寿无疆，承受上天的赐福吧！"当霍仲孺说完这番话并为霍去病戴上爵弁冠后，所有人都长出了一口气。

然后，在到场嘉宾的掌声祝贺下，霍去病起身向大家还礼致谢！

虽然按古礼还有拜见母亲和取字的环节，但是，一来霍去病的母亲卫少儿不在场，二来霍去病的名字是由皇上给取的，霍仲孺虽为父亲，安敢再为霍去病取字呢？

冠礼的最后环节是：换上黑色的礼帽礼服，带着礼物去拜见国君、卿大夫等这些尊者，借以来表明受冠者已经成人，已取得社会各方面的承认。

这一环节，对于霍去病来说，大家都知道，已不需要别人来操心了。

霍去病生为奴子，长于绮罗，却从来不曾沉溺于富贵豪华。他将国家安危和建功立业放在一切之前。

在三进河西，建功立业之后，汉武帝为表彰其功，张罗着为霍去病修建一座豪华的府邸。汉武帝和所有人想的一样，只有豪华的府邸，才和霍去病此时的身份相配！然而，没想到，霍去病却拒绝收下，他说：“匈奴未灭，何以家为？”这短短的八个字，言之有物、震撼人心，从此，刻在了历朝历代保家卫国将士们的心里……

男大当婚，去病有儿未长成

霍去病在平阳完成了成人礼之后，便起程回京，并将同父异母的弟弟霍光带到了长安。此时的霍光是10岁出头的年纪。

汉武帝闻听了霍去病平阳认祖归宗之事，对霍去病的孝心很是赞许，想我大汉本是礼仪之邦，以孝道治天下。霍去病的孝心，无疑为他在汉武帝心中的地位又大大地加了分。

于是，汉武帝特将霍去病带到长安的同父异母弟弟霍光任为郎。又过了两年，霍光的年纪稍长一些后，又升迁诸曹侍中。

当霍去病去世后，霍光官至奉车都尉、光禄大夫。因为霍光小心谨慎，从未有过错，深为汉武帝的看重，便把幼子（即汉昭帝）托付给他。后来，霍光总揽权政20年，死于汉宣帝地节二年（公元前68年）。其家虽因罪被戮，但汉宣帝终究怀念霍光的功德，在甘露三年（公元前51年），画功臣于麒麟阁，在总共的11人中，霍光列第一位，并且不称其名，仅署"大司马大将军博陆侯姓霍氏"，以示优崇。

霍去病是一位少言多行、从不说空话的人。

汉武帝曾经想亲自教他《孙子兵法》，他却回答道："打仗应该随机应变，而且时势变易，古代的兵法已不合适了。"

然而，虽然霍去病平时少言寡语，在战场上却是勇猛无比。他一生曾四次领兵出塞攻打匈奴，共歼敌11万多人。可以说，他是一位军事天才。他是凭借着战场上的直觉指挥战斗的。这种随机应变、闪电式的行动，使匈奴人无所遵循，从而使他拥有了不战而屈人之兵的神奇。也因此，他能百战百胜，成为名扬后世的一代名将。

霍去病屡立战功，获得了高官厚禄，但他把个人的享受搁在一边，一心以国家利益为重。

在河西战役胜利后，汉武帝为了奖励他的卓越战功，特意命人在长安为他建造了一座豪华住宅，叫他去看看是否满意，而霍去病却谢绝了汉武帝的好意，豪壮地说："匈奴未灭，何以家为？"

当然，这句传诵千古的名言，就是霍去病光辉一生的写照。

俗话说：男大当婚，女大当嫁。

已经完成了成人礼，并且威名赫赫的霍去病，当然会受到很多人的青睐，因此，所有人都觉得已经立业的霍去病应该成家了。

于是，霍去病的婚姻大事，一时成了卫氏家族所有人，甚至包括皇上都很关心的一件事了。

可以说，霍去病这位少年将军的生活是平淡的。在他的全部世界中，除了打仗还是打仗，似乎，他真就是为了助力汉武帝完成击破匈奴的大业而生的。他天生就是匈奴的克星，击灭匈奴成了他生存的意义，生命的价值。

霍去病真是将国家的安危、社稷的轻重、军人的荣辱，看作是头等大事。况且，皇上对他如此器重，匈奴还在侵扰边民，他怎么敢贪图享受，或者醉情于儿女私情的温柔乡中呢？

霍去病是一位冷峻寡言而善于行动的人。后世之人拿着放大镜检点史书典籍，也没有再见到霍去病这伟岸男儿有其他的豪言壮语，仅此"匈奴未灭，何以家为？"八个字足矣。这八个字已成为历代爱国志士的箴言，胜过千言万语。千百年来，它始终轰响在历朝历代戍边将士的心头耳际。

因此，在霍去病的内心和身边没有住着女人。至少，他没有如同龄的其他男子那样早早地就娶妻生子，或者说早早地就开始寻花问柳。

说白了，在20岁以前，霍去病一直是一个情窦未开的大男孩儿。

当然，霍去病的这种情窦未开，也许是他刻意保持的。因为，他也可能潜意识里早就想：有一种七尺男儿宁愿马革裹尸，也不愿连累如花美眷的吧？

可是，在20岁以后，对于霍去病的婚姻问题就由不得他了。

因为，霍去病这样一位年少得志、功高权重、冷峻刚毅、英武帅气而又出入侯门帝府如闲庭信步的奇男子，自是流韵生风，这在男女之事尚不严苛，风气甚为开放的汉朝，霍去病无疑会使上层社会的贵妇淑女芳心暗许，并为之倾倒的。况且，大家不要忘了，在霍去病的身边，还有三位重量级的女人，一定会为他的终身大事而操心的。这三个女人，当然是卫氏三姐妹了。

首先，当属霍去病的母亲卫少儿。

有人说：越是亲近的人，越总是把你往坏处想。

作为母亲，每当儿子领军出征，卫少儿的一颗心就悬在了半空中。那份对儿子的牵挂是其他任何人都理解不了的。

每当儿子胜利归来，卫少儿都是喜忧参半。特别是皇上给儿子的赏赐越厚重，卫少儿的心里也越沉重。因为她知道这就意味着儿子的领军出征，也会越来越多的。

在霍去病三进河西、认祖归宗、行成人礼之后的一天，卫氏三姐妹聚在了一起，话题自然离不开霍去病。

已经贵为皇后的卫子夫说：“二姐，去病这次立下大功，皇上高兴得很，说是要在长安城里选个离宫最近的地方，给他建造府邸，比现下的起码要大上四五倍呢！”

“是啊！去病这么大的功劳，不仅缴获了匈奴人的祭天金人，而且河西受降浑邪王，那才叫一个威震敌胆，这可不是一般的将领能比的，满朝中还真就咱卫青兄弟能有如此之功了。这一下子，咱们卫家两员虎将，看以后谁还敢再说咱卫家一个不字。”大姐卫君孺接着说。

“唉——”卫少儿长长地叹息一声，“去病的功绩怎么能跟卫青兄弟相比呢？赏这么大的官邸给他，只怕有人要说三道四了。”

“去病年纪也不小了，是应该要个宅子，成家立业了。”大姐卫君孺现在不仅是侯爷夫人，而且自母亲卫媪去世之后，自觉担起了卫家长者的责任，因此，她又接着说道，“前些日子，几位侯爷聚会，我和几位夫人聊天，有好几位侯爷家的千金对咱去病青睐呢！其中，有一位侯府千金当时还在场，名字我忘记了。但那姑娘是真不错，不仅人长得标致，而且知书达礼，和咱去病也般配，正是天作之合呢。”

卫少儿闻听喜道：“去病真是老大不小了，我也早就想给他找个好姑娘，那真就有劳大姐费心了。”

卫子夫毕竟已贵为皇后，虽然是姐妹间的谈话，说话的语气也是不容置疑：“那还等什么？大姐先让侯爷去提亲，回头我再请皇上赐婚，借这次去病在家休整，直接就把婚事办了吧！”

霍去病有这样三个女人给操持婚事，也就由不得他不同意了。

其实，令后世诗家扫兴，也让后世史家阙如的是：查看霍去病短暂而辉煌的一生，似乎未有任何旖旎香艳的绯闻艳遇可供书写和炒作。

司马迁在《史记》里这样写道：

> 骠骑将军自四年军后三年，元狩六年而卒。天子悼之，发属国玄甲军，陈自长安至茂陵，为冢象祁连山。谥之，并武与广地曰景桓侯。子嬗代侯。嬗少，字子侯，上爱之，幸其壮而将之。居六岁，元封元年，嬗卒，谥哀侯。无子，绝，国除。

如此，可以看出，霍去病有一个儿子。这个儿子的名字叫霍嬗。然而，翻遍史书，也不知道这位为少年将军留下后代的女性是谁。

其实也难怪，在男尊女卑的年代，即使是平阳长公主的名字，在史书中都没有记载，何况是如昙花一现的少年将军的女人的名字呢？

因为史书没有记载，所以，后世之人对霍去病的婚姻就有了多种猜测。

有人认为：霍去病终生未娶。从18岁到24岁，在短短六年里六次出击匈奴实行远途奔袭，仗都打不过来，哪里还有时间娶老婆呢？

持霍去病未婚说的人认为，霍去病根本看不起女人，原因是他看不起母亲卫少儿，也为自己是个私生子而怨恨自己的母亲。他之所以能有一个儿子叫霍嬗，就是他和府里的一个侍女生的。侍女身份低微得很，霍去病当然不会扶她当正妻。然而，儿子和他是一个命运，所以，他只认了霍嬗，让他也做了自己的私生子。反正在汉朝私生子是可以被容忍和承认的。

无论如何，不管霍去病是否娶妻，也不论霍去病的女人姓甚名谁，总之，霍去病生有一个儿子是真的。这个儿子取名为霍嬗。

当霍去病去世的时候，儿子霍嬗才4岁。汉武帝看在霍去病的份儿上，让四岁的霍嬗继承了冠军侯之位。后来，汉武帝去泰山拜山，还把霍嬗带上了山顶。然而，从泰山回来之后，霍嬗就死了。

霍嬗死时才11岁。对于霍嬗的死，坊间也有许多种猜测。但是，猜测总归是没有根据的。然而，有一点是确定无疑的，那就是——霍去病有儿未长成。说白了，就是一代少年英雄霍去病就此绝后了。

射杀李敢，年少气盛犯下大错

俗话说：人无完人。霍去病当然也不会例外。

霍去病毕竟是青年人的心性，好意气用事，容易冲动。在冲动之下，霍去病做了平生唯一的一件错事——那就是承担了射杀李敢之责。

李敢是何许人也呢？霍去病为什么要射杀他，又为什么说是“承担之责”呢？

李敢是老将军李广的儿子。李敢还在霍去病征战漠北时，作为裨将协助霍去病攻击匈奴。因为此战，李敢被汉武帝赐爵关内侯，食邑200户。

可以说，霍去病和李敢两个人，英雄惜英雄，算得上汉武帝时期青年一代中的佼佼者。虽然两位之间经常会较着劲儿，互不服输，但是远没有到了互相仇杀的地步。

其实，霍去病与李敢之间的恩怨，是缘于他们的长辈——卫青与李广之间的矛盾。此话，还得从漠北之战说起……

元狩四年（公元前119年）春，汉武帝派遣大将军卫青、骠骑将军霍去病，各领骑兵五万，分两路出击匈奴。

时任郎中令的老将军李广，自请效力。当时，汉武帝嫌李广年纪大，不愿意再派李广征战了。经李广一再坚持请求出战，汉武帝才任命李广为前将军，与左将军公孙贺、右将军赵食其、后将军曹襄一起都归大将军卫青节制指挥。

但是，汉武帝对李广是不放心的，怕李广在关键时刻耽误大事，因此，在卫青入朝辞行时，汉武帝当面嘱咐道：“李广年纪大了，运气又不太好，不要派他独自抵挡匈奴单于。”

卫青在出塞追击中，暗想汉武帝的密嘱，没有让李广当前锋，而命李广与赵食其合兵东行，限期相会。李广愤然起程了，却没有及时到达约会地点，而是等到卫青已经班师，回到漠南，才看见李广和赵食其到来。

作为大将军的卫青，当然得斥责李广与赵食其两人的逾限迟至了，并且说他们二人的行为应该按军法论罪。

赵食其因为自知理亏，没有敢抗议。然而，李广是不服的。

理由是：李广本来就不想在东侧迂回行进，此时又因为走了弯路，才迷失方向的。结果闹了个有罪无功。

实话说，老将李广也是一个勇敢忠诚的汉军将领。他无非是人老心不老，总想上阵杀敌，以自己一腔热血，忠贞报国。

李广不服气之处还在于：此前的出击匈奴，因为他的威名赫赫，每次都是遭遇匈奴主力的正面决战，纵然是他拼死血战，也终因伤亡较大，功过相抵，最多是获得个不奖不罚的结果。反而是卫青、霍去病这些黄毛小儿，靠奇袭得胜，反而连连封侯赐爵。这让他这个老将情何以堪啊！

更令李广生气的是：卫青与霍去病这两位外戚，靠着卫皇后的裙带关系，双双当上了大军的统帅，而他们父子俩，却双双成了裨将、助手……

当裨将就当裨将吧，这也就算了。更让曾经的飞将军李广不服的是：你大将军卫青，竟然因为救命恩人公孙敖刚刚失去了爵位，就想提拔公孙敖，而让他同你自己一起正面与单于作战立功，所以才调整了战斗序列。明摆着，你卫青是在树立自己的亲信，而把本是前将军的我李广调到东路，致使我李广与赵食其在沙漠中迷失了方向，没有参加战斗。

人的思想一旦走入一个误区，是很难自己意识到并走出来的。老将李广就是处在了这种状态。

李广先入为主地把自己的失败怪到了卫青的头上。卫青再要治他的罪，他当然就气得须髯戟张了。

卫青与李广对质，李广始终不发一语，用沉默来对抗。无奈之下，卫青只好让长史赍置备酒菜，责问二人迷路的原因，并让他们到大将军处听候传讯。

老将李广也是位讲义气的将领，他愤然对长史说：“我的部下无罪，迷路的责任在我。我一人承担便是了！”

说完，李广立即趋马来到营盘驻地，流着泪对他的部将们说道："我与匈奴大小作战七十余次，好容易有机会跟着大将军直接与单于作战，但大将军却把我调到了东路。本来路途就远，又迷了路，看来天意如此啊！况且，我已经六十多岁了，实在不能再去面对那些刀笔小吏了。你们还都年轻，还有报国的机会。这次的失败，结果就让老夫我一个人担了吧！"说完，老将李广立即拔出佩刀，向颈一抹，倒毙地上。

将士们没想到说着话的时候，李广将军竟然自刎了，纷纷抢上前去施救，可是，已经来不及了！

漠北大战，李广因丧失了立功封侯的最后机会以及延误战机的过失，将会受到军事处罚，一怒之下拔刀自尽。

众将士们感念李广将军的恩德，一致为李广举哀。

和李广一起迷路而未参加战斗的赵食其，他的处罚结果与当年的苏建一样，在交纳了赎金后，被贬为平民。

李广的儿子李敢，当时正在霍去病军中，闻听父亲的死讯后，泪眼中充满了怨恨，那是对卫青的怨恨。

其实，李广的死，无论从任何方面讲，卫青都是不负任何责任的。但在当时，一般人似乎都不谅解卫青，这让卫青是有口难辩。

继其父李广之职而成为郎中令的李敢，始终对父亲李广的死不能释怀，时刻想着报杀父之仇。

一年后，元狩五年（公元前118年），李敢对卫青的怨恨随着时光的流逝，不仅没有消失，反而越积越深。终于有一天，在一次甘泉宫的野外训练中，李敢持刀砍向了卫青。

此时的卫青虽然老了一些，但是他这个大将军可不是混来的，那可是真刀真剑在战场上拼杀出来的，岂能是什么人说砍就能砍到的。因此，李敢只是砍伤了卫青的左臂。

众将见大将军有难，一起拥上，一下子就将李敢治服了。

这还了得，在汉朝，刺杀全军最高统帅是灭族的死罪。因此，李敢因私怨刺伤大将军卫青之举是要灭九族的。

"众将听令，今天这件事，只是训练中的小失误，任何人不得对外提起，否则军法处置。”卫青强忍着痛，威严地向众将士下达着指令。

卫青没有追究李敢砍杀他这件事，并且隐瞒下来。

当然，这件事是瞒不了霍去病的。

虽然李敢选择霍去病不在的时候，实施了刺杀卫青的行动，可是霍去病还是知道了。

而当人们都以为，霍去病即使是知道了李敢欲刺杀卫青这件事，也会置之不理时，霍去病却在有汉武帝也参与的射猎中，向李敢射出了复仇之箭，并射死了李敢，为舅舅卫青报了仇。

至于人们为什么会认为，霍去病不会管李敢是否想刺杀卫青这件事，是因为人们认为，现在霍去病与卫青同拜大司马，算是平起平坐了。而那些转投到霍去病门下的人，原来多数都是卫青的门人。人们按常理推测，如今的卫青与霍去病，虽然仍然改变不了甥舅关系，却应该是面和心不和了吧！

其实，事情不是这样。

卫青与霍去病情同父子的深厚关系，岂能因为官爵和自己主宰不了的赏罚分明的军功制度而被拆散。

霍去病与舅舅卫青奉法遵职，从不敢以权谋私。卫青更是认为门人就高不就低是人之常情，而自己倒乐于清静了。

虽然卫青压下了李敢之事，但没过多久，霍去病又为亲舅复仇，发生了射死李敢一事。

前一件，被卫青压下了。后一件，是被汉武帝给压下了。事后，汉武帝隐瞒了真相，说李敢是被鹿角撞死的。既然皇上发了话，这件事当时就被轻轻地掩盖过去了。

这两件同样发生在甘泉宫的事，一伤一死，但最终的结果是不同的。

史官司马迁为李家鸣不平，既怪罪了卫青对李广的不公，当然也将李敢是被霍去病射杀，而不是被鹿角撞死之事公布于众。

事实上，被冤枉和误解的不止卫青一个人，还有霍去病。

为什么这么说呢？

卫青没有追究李敢刺杀他的事，或许是意识到冤冤相报何时了这一因果说法。受了李敢一刀，让李敢出口气，省得落下个有仇不报的不忠不孝的骂名，两家也就扯平了。

卫青既然认识到了这一点，行为做事颇受舅舅卫青亲传的霍去病，虽然年轻气盛，又岂能不懂呢？

何况，霍去病和李敢也算是同生共死、患难与共的好兄弟了。

那么，为什么连皇上都认为是霍去病射杀了李敢，而有意包庇他呢？

这里有一个问题：如果是卫青之子卫伉，向李敢射出的为父报仇之箭，后果又是怎么样的一种情况呢？霍去病没有做，但他能不承担责任吗？

冒死进谏，跪请皇帝封皇子

从李敢事件可以看出：霍去病与卫青依然亲厚。

人们依据卫青的门人都倒向了霍去病，而推断卫霍二人感情不好，那真就大错特错了。

但是，人们从霍去病请为三子封王，而维护太子刘据的地位上，终于看出了霍去病和卫青的政治立场是一致的。

说白了，归根到底，霍去病仍然是卫家人。

在说这件事之前，必须再着重交代一下汉武帝的后妃和众皇子们。因为，从来后宫的争斗都是你死我活的，而后宫的争斗无非就是至高无上的皇位之争了。

汉武帝的第一位皇后陈阿娇，因为没有生育，早早地退出了竞争舞台。汉武帝的第二位皇后，卫子夫是卫青的姐姐、霍去病的姨母。

汉武帝建元三年（公元前138年），由于卫子夫怀了汉武帝刘彻的骨肉而被封为夫人。汉武帝元朔元年（公元前128年），卫子夫生下皇长子刘据，于是，被立为皇后。

汉武帝元狩元年（公元前122年），皇长子刘据被立为太子。

汉武帝征和三年（公元前91年），奸人江充、宦官苏文等刻意制造巫蛊案陷害太子刘据，太子被迫起兵反抗，兵败自杀。由于皇后卫子夫支持太子，被汉武帝迁怒，不能自明而自杀。其时葬于桐柏，十八年后她的曾孙刘询登基，即汉宣帝，以皇后之礼重新厚葬她，追谥号曰“思”，建园置周卫。史称孝武卫思后。

卫子夫为汉武帝皇后38年，是中国历史上在位第二长的皇后，第一位则是明神宗的王皇后。

王夫人，生齐怀王刘闳。《史记》里说王夫人去世后刘彻命齐少翁招其魂，《汉书》将这段故事移到了李夫人身上。刘闳是汉武帝次子，元狩六年（公元前117年）封为齐王，18岁驾薨。

李姬，生三皇子燕剌王刘旦；四皇子广陵厉王刘胥。

李夫人，由霍光追封为孝武皇后，是李延年的妹妹，生五皇子刘髆。刘髆于天汉四年（公元前97年）被封为昌邑王。其子刘贺当过27天皇帝。

赵婕妤，又称钩弋夫人和拳夫人，追封赵太后。生六皇子汉昭帝刘弗陵。汉昭帝在位13年，21岁驾崩。

雄才大略的汉武大帝生有六位皇子，这在历朝历代帝王中已经算是很少的了。然而，他在位54年的时间，让早立的太子刘据等白了头，也没能继承到皇位。

在当时，最重要的还是如何来保住刘据的太子之位。因为，在比真正的战场还机关重重的皇宫大内，变数真是太大了。

卫子夫母凭子贵，被封为皇后。汉武帝元狩元年（公元前122年），卫子夫的儿子、皇长子刘据被立为太子。

在这一年前后都发生了哪些事呢？

卫青六次出击匈奴；霍去病三进河西；卫青与霍去病两人联袂上演的一次空前的惊人表演……

也就是说，皇后卫子夫的弟弟卫青和外甥霍去病，因战功赫赫，卫氏外戚集团已经荣升为大汉朝仅次于皇室的第一家族。

然而，窦婴和田蚡的前车之鉴让卫青与霍去病明白：汉武帝对于外戚是存有戒心的。

卫青与霍去病亲眼看到了窦婴的被杀，或者还亲耳听到了汉武帝对于窦婴、田蚡两人的批评和诅咒。因此，卫青与霍去病自然会以窦婴和田蚡的行为作鉴戒，一切遵从汉武帝的意志。况且，原本卫青与霍去病感念于汉武帝的重视和提拔，根本就没有，也不敢有过大的政治野心。

毕竟姜还是老的辣。

虽然卫青与霍去病都意识到了，如果想不重蹈窦婴和田蚡的覆辙，就必须完全地听命于皇上，不能越雷池一步。这一点卫青做到了，然而霍去病却越权了。

对于霍去病来说，亲情让他战胜了恐惧。作为七尺男儿，他可以不眨眼地面对血与火的战争，却无法面对亲人的眼泪……而那一天，当贵为皇后的姨母卫子夫在他面前流泪时，他的心软了。

汉武帝元狩六年（公元前117年），一个晴朗的春日，天气乍暖还寒，一辆豪华的马车停在了冠军侯府的门前。

皇后卫子夫在宫人的搀扶下，款款地从马车上走下来。霍去病一家老小早就接到通知，在门前恭候多时了。

此时的卫子夫，岁月的年华已经遮住了往日的风采，不仅脸颊间已有了些许的皱纹，而且此时眉头紧锁，眼中似含有深深的忧虑之色。总之，整个人看起来憔悴很多。

霍去病一家人打量着卫子夫，卫子夫也将目光从每个人脸上逐一掠过，最后停留在了霍去病身上。

“给皇后娘娘请安！”霍去病行着君臣之礼，躬身说道，然后不自禁地“咳咳”地咳嗽着。

“去病，如今你贵为大司马，怎么反而与三姨也客气起来了呢？在咱家里，就不要讲那么多的礼数了。大家都随意一些好了。”卫子夫一边招呼二姐卫少儿和外甥霍去病坐到她的身边，一边继续打量着霍去病，说，“去病，我怎么感觉你的气色有些差呢？难道是病了吗？”

“三姨，不碍事的，只是偶感风寒，觉得全身乏力而已。”霍去病毕竟年轻，见卫子夫关心，挺了挺胸膛，提高了声调回道。

此时，卫少儿插言道：“三妹，你还说去病呢，你的气色也不太好啊！是不是最近没休息好啊？”

“唉——”卫子夫叹息着道：“我现在全部心思都放在了据儿身上，只愿他早长大成才，将来担负起国君的重任。可是，据儿年已十五了，做事却还颇为草率。王夫人的闳皇子也有10岁了。三皇子刘旦和四皇子刘胥也在成长。一切都是变数，随着时间的推移，我这心里越发地不安啊！”

卫子夫说着说着，竟然抹起了眼泪来。

卫少儿见妹妹伤心，感叹道：“都说皇后母仪天下，可我看啊，还不如我这个民妇当得自由自在呢！”然后，卫少儿又对儿子霍去病说道：“去病，看看怎么帮帮你三姨和据儿。”

霍去病沉吟不语，只是默默地点了点头。在霍去病的心里，不管是舅舅卫青，还是表弟刘据，都是他的家人，是他该用生命去保护的人！

“去病，我是想请你上书给皇上，请立刘闳等皇子为王。因为按汉家的规定，皇子封王以后，就得去往封地。这样一来，皇子们不在皇上眼皮子底下了，对据儿的威胁就不大了。你现在颇得皇上喜欢，在朝中的威望也更甚于青弟了。此事非你莫属了。”卫子夫流着泪恳求霍去病。

霍去病知道：此事重大，不亚于射杀李敢。也许皇上可以压下李敢之死的事不追究，但是请立皇子，却是触碰皇上权威和底线的事。然而，为了舅舅卫青和表弟卫伉，他可以承担杀人之罪责，那么，为了姨母卫子夫和表弟刘据的皇位，他怎么可以为了保全自己而说不呢？

于是，霍去病冒死进谏，跪请皇上封皇子。

汉武帝元狩六年（公元前117年），三月乙亥日，御史兼尚书令霍光转呈霍去病奏折给未央宫。汉武帝打开了大司马霍去病呈上的奏折：

> 臣承蒙皇上错爱，使去病能在军中供职。本应专心思考边防事务，即使战死荒野也无法报答皇上一二。今居然敢考虑他事来打扰皇上。实在是因为看到皇上为天下事太过忧劳，因哀怜百姓而忘了自己，减少了食膳音乐，裁减了郎员。特别是皇子们赖天保佑，已长大成人，能行趋拜之礼，但至今未封号位，也未设师傅官。皇上谦恭礼让，不怜悯骨肉之情，然则群臣私下都希望早日予以封号，但又不敢越职进奏。臣去病不胜犬马之心，冒死进言，希望皇上趁盛夏吉日，早定皇子之位。

翌日早朝，汉武帝向群臣公布此事，请群臣商议。“众卿，你们的意思呢？”汉武帝追问了一句。

“臣附议。”

“臣等附议。”一众大臣，除了卫青，全都跪拜于地附议。

“卫爱卿，你的意见呢？”汉武帝声调平和地单独点了卫青的名，脸上平静得看不出喜怒，只是目光似剑，满含深意地盯视着他。

卫青慌忙跪下，回奏道：“启禀皇上，臣没有异议，一切但请皇上定夺。”

汉武帝沉吟了半晌，没有开口，满朝文武也大气不敢出。朝堂之上，仿佛空气都静止了。此时如果掉根针到地上，估计所有人都能听得到。

终于，汉武帝开启了金口道：“拟诏。封皇子刘闳为齐王、刘旦为燕王、刘胥为广陵王，即日启程就国，具体事宜交由御史办理。”

退朝后，大臣们都聚拢到霍去病身边，唯独卫青想了想，转身走了。

望着舅舅卫青的背影，霍去病若有所思，突然，他觉得好累，好累……

英年早逝，武帝痛失良将

汉武帝元狩六年（公元前117年），一个大雨瓢泼的夜晚，一条噩耗将人们惊呆了——骠骑将军、冠军侯、大司马霍去病薨逝了！

对于这一消息，人们都不敢相信。甚至有人认为这是有人在搞恶作剧。

也难怪人们不相信、有疑问，因为噩耗的主角——霍去病，虽然是一位将军，可是，他满打满算才仅仅24岁啊！

在战场上，霍去病一向是惯于勇往直前、冲锋陷阵、英武沉着的霍骠姚。他最初北伐匈奴的官号是骠姚校尉，“骠姚”两个字，就是用来象征一种劲疾勇猛的作风的。他在六击匈奴的战争中，都是以“骠姚”的姿态出现在战场上，令敌人闻风丧胆，或见之投降，或望风而逃。他这种劲疾勇猛的作风，早已经引起了汉武帝的赏识和人们的深厚景仰。

在日常生活中，霍去病极喜欢骑马射箭，甚至他几乎将战马当成了终身伴侣，将弓弩当成了唯一的挚爱伙伴。

除了骑马射箭之外，如果说霍去病还有什么其他业余爱好的话，那就应该是“蹴鞠”健身了。

为此，霍去病还被后世人评价说：他不是一个爱兵如子、能与部下同甘共苦的将领。并且，在历史上，他以“不省士”，即不关心士卒的饥寒饱温而闻名。

之所以这么评价他，证据就是：霍去病在领军出征之时，汉武帝曾遣太官将几十车食物送至军中，但在他引军归来时，“重车余弃粱肉，而士有饥者”。另外，有时士兵因粮食匮乏，饿得连手都举不起来了，可他霍去病还在“穿域蹴鞠”，踢球健身呢！

当然，后世人的这种种看法，包括史官的记载，肯定或是断章取义，或是道听途说的曲解和猜测。

因为纵然霍去病勇猛无敌，但仅凭他一个人又怎么抵挡住敌人万千骑？

霍去病之所以每战必胜，无一失败，当然是他指挥的精锐之师，那些他特别选拔的“敢于深入力战之士”团结作战的结果。所有的士兵都向往成为他的部下，跟随他杀敌立功。

退一步想：假如他不爱兵如子，假如他“不省士”，那么，试问，谁还会把脑袋寄存在腰带上与他一起死战呢？

其实，没有人会真正知道，彼时彼刻都发生了什么？更没有人真正知道霍去病心里在想什么？而偏偏就性格而论，霍去病又是一位“为人少言，有气敢任”的人。霍去病不仅勇敢，而且极其沉着。他只是不太计较个人得失，不喜欢为自己辩解而已。

事实上，霍去病只是一个不按常理出牌的人。

就如他懂得兵法，但实际上，他并未学习过兵法，甚至就连汉武帝想教给他兵法，他都拒绝接受，理由是：“顾方略何如耳！不至不古兵法！”

这话的意义和说话的态度，都是唯一的“霍去病式”作风。就凭他一个二十多岁的青年，居然懂得而且敢和一位雄才大略的皇帝如此说话，他就不仅仅是一位天才的军事家，而且注定了是前无古人，后无来者。

当然，少年将军霍去病并不是完人，他也会有卸下严峻的时候。特别是当自己的亲人遇到麻烦，需要他担起杀头之责时，他总是能义无反顾，挺身而出，比如射杀李敢之事和冒死跪请封皇子之事等。

霍去病完成了不世的功勋之后，也登上了他人生的顶峰：大司马、骠骑将军。

作为军神，霍去病最难能可贵的一点就是：虽然他位高功大，却毫无政治野心，和卫青一样，一切唯汉武帝的命令和旨意是遵，对自己的军人天职看得极重。

出乎人们意料地，甚至没有任何征兆地，突然传出了霍去病去世的消息，这不啻似一个晴天霹雳，人们有些难以接受。

离建立不世功勋的时间仅仅过了两年，而骠骑将军霍去病，仅仅才24岁，如此年轻便去世了。这一切究竟是怎么回事？

旋即，私下里，人们对霍去病的死因便有了种种猜测——

人们第一感觉，也是猜测得最多的原因就是——汉武帝赐死或害死说。

这一说法的理论依据是：卫青和霍去病已经功高震主，卫氏外戚集团的地位渐涨，汉武帝必须要打压住这股外戚作乱的势头。然而，毕竟匈奴问题还没有彻底解决，汉武帝还要仰仗卫青与霍去病。因此，卫青与霍去病不能全杀，需要留下一个震慑匈奴。如果二人必选其一，那么霍去病不仅势盛，而且竟然敢为了卫家的利益两次冒犯皇权。所以，应该死的就是霍去病了。

当然，这种猜测是根本站不住脚的。

因为汉武帝已经远非刚刚继承皇位，受制于窦太皇太后的时代了。卫青与霍去病的权力和地位是汉武帝亲自给的。汉武帝让他们有地位，他们可以一人之下，万人之上，如果汉武帝不满意了，想削去他们的地位，那就是分分钟的事儿。卫青与霍去病的此消彼长就是例子。

霍去病是汉武帝亲自培养、一手提拔起来的。他对霍去病的宠信似乎超过了所有的大臣。这其中固然不乏裙带关系和私人感情的因素，而最根本的原因，却是因为霍去病具有一种强烈的忠君报国精神和奋发有为的气势。

当汉武帝为霍去病建造起精美的住宅并嘱他前往察看之时，霍去病说出了“匈奴未灭，无以家为”的千古名言。从某种意义上说，霍去病正是因为具有为国忘家的高尚品格，才能够屡建奇勋。

因此，就算是汉武帝的性格再多变，也不会在几个月的时间里，就由宠爱到杀害的。况且，霍去病是汉武帝一手培养和提拔起来的军事人才，在汉武帝重武的治国之道中，怎么会轻易抛弃一个将才呢？

虽然霍去病不是一个完美的军事家，但是，他却能够做到战无不胜，军功远远超乎那些熟知兵法又身经百战的沙场老将们，这是汉武帝最看好他的原因。

霍去病具有超乎寻常的英雄气概。司马迁说他“有气敢任”，即不避艰险，勇挑重担，英武果敢。从其作战记录可知，霍去病打仗有两大特点：一是敢于冒险；二是凶狠顽强。

例如，霍去病为骠姚校尉时，居然仅率八百骑兵脱离大部队，追击数倍于己的匈奴兵数百里。此战中斩敌二千零二十八人，已是自己所率兵士的两倍还多，而当时与之交战的匈奴军人数肯定要多于此数。

又如，元狩二年（公元前121年）秋，霍去病将兵迎接欲降汉的匈奴浑邪王。匈奴军众“见汉军而多欲不降者，颇遁去”，局势十分混乱。霍去病当机立断，率先“驰入”匈奴军中，“得与浑邪王相见，斩其欲亡者八千人”，控制了局势。因此，霍去病作战“常与壮骑先其大军”之言不虚。

霍去病敢打硬仗、恶仗。

比如，元狩二年（公元前121）第一次出征河西时，霍去病仅率骑兵一万人，孤军长驱直入，历经艰险，“转战六日，过焉支山千有余里”，杀敌数千。回师途中又以骑兵与敌“合短兵”鏖战于皋兰山下，虽然获胜还朝，但汉军“师大率减什七”，损失过半。这场战役进行得是何等艰苦与激烈，就可以想见了。

另外，霍去病绝不是只有意气之勇的匹夫，而是一员既勇且谋、能够决胜千里的战将。

霍去病非常善于运用骑兵集团在沙漠、草原地带机动作战，他可以指挥骑兵进行短程奇袭，也可以指挥骑兵进行长距离、大规模的正面进攻，可以用骑兵打运动战，也可以用骑兵打遭遇战，表现出良好的战术素养和高超的临战指挥艺术。

因此，可以说，如霍去病这样一员虎将，汉武帝是打着灯笼也难求的。

也因此，即便是霍去病为了卫家人，射死李敢也好，请封皇子也罢，也只是宫廷内部的正常争斗，是威胁不到汉武帝皇位的。况且，此时的汉武帝已经是江山稳固，岂能是一两位武将就能撼动得了的。

事实上，对于李敢之死，汉武帝是立场鲜明地袒护着霍去病的。

对于霍去病的死因，褚少孙在《史记》卷二十“建元以来侯者年表第八”中补记：“光未死时上书曰：‘臣兄骠骑将军去病从军有功，病死，赐谥景桓侯，绝无后，臣光愿以所封东武阳邑三千五百户分与山。’”这是史书中对霍去病死因的唯一记载。

霍去病乃是“病死”一说，是可以成立的。

别说是西汉时的医疗水平了，即使是现代，在拥有高科技的中西医治疗技术的前提下，年轻力壮者突然发病暴死的情况也是屡见不鲜的。

有人说，在漠北之战中，匈奴人将病死的牛羊等牲口埋在水源中，祭祀诅咒汉军，因此水源区产生了瘟疫。而霍去病在此处饮食了带有瘟疫的水，而后病倒，以至于不治身亡。但是，也有一些专业人士提出，霍去病死于漠北之战两年后，不符合瘟疫的发病时间。

当然，两千年前的医疗水平有限，数次领兵出征的劳累，长时间处于艰苦的环境，也足以对霍去病的身体造成不可治愈的伤病。

有人说，因为霍去病杀死了李敢，李家人当然不依不饶了，而汉武帝为了庇护他，让他去朔方城避避风头，而在他前往朔方的途中，感染了瘟疫，导致不治而死。私下认为，这一说法在理论上是比较靠谱的。

总之，年轻的霍去病薨逝了。

汉武帝对霍去病的死非常悲伤。

汉武帝特别调动来了霍去病在元狩二年（公元前121年）秋天所招降的匈奴人，穿起黑甲，排成了铁甲军，作为送葬的仪仗。这条列成的铁甲仪仗阵，沿长安一直排到霍去病墓地。而霍去病的墓地，就设在了汉武帝为自己预留的墓地——茂陵的旁边。

汉武帝还下令将霍去病的坟墓，修成大型墓冢，状如祁连山的模样，彰显他力克匈奴的奇功。封土上还堆放着巨石，墓前置石人、石兽等。

汉武帝谥封霍去病为“景桓侯”，取义“并武与广地”，彰显其克敌服远、英勇作战、扩充疆土之意。

西汉名将霍去病的墓冢，在今陕西省兴平市东北约15公里处。至今，霍去病的墓仍然矗立在茂陵旁边。

霍去病墓底部南北长105米，东西宽73米。顶部南北长15米，东西宽8米，占地面积5841.33平方米，封土体积62961.24立方米。

墓冢上下，墓地周围，乱石嶙峋，苍松翠柏荫蔽墓身。墓南东西两角，各有回栏曲径，通向墓顶。

墓前有一巨大石碑，上刻：“汉骠骑将军大司马冠军侯霍公去病墓”。墓前有石刻九尊，称为“茂陵石刻”，极富艺术价值。

其中，在墓前的两砖室中，有一刻石为“马踏匈奴”的石像，为花岗岩制品。高168厘米、长190厘米。雕刻一马立于匈奴人身上，匈奴人刺发乱髯，状极狰狞，手执弓箭，但被马踏住，欲动不得，在下面做挣扎状。

此石刻约创作于汉武帝元狩六年（公元前117年），象征着霍去病在进击匈奴战争中为国家立下的不朽功勋。

霍去病墓石刻原有总数已不可考，明嘉靖年间因地震有的倒置，有的被淹埋。1949年以前，原置于墓前的有9件，1957年新发现7件。

1961年，中华人民共和国国务院将“霍去病墓”及其石刻等公布为全国重点文物保护单位，并在其墓冢前修建“茂陵博物馆”。

往事越千载。

霍去病，闪电一样在中国历史上划下了几笔又粗又大又动人的线条，两千多年之后，世人仍然遥想少年大将霍去病的绝世风采，为他的精神和智勇而倾倒，为他那不恋奢华保家卫国的壮志而热血沸腾。

霍去病的生命史，只到青年时代。他所有的一切，都染有极浓厚的青年色彩。也许正因为如此，才使得他没有面对世俗中不可避免的阴暗面，才使得他没有面对宦海中的沉沉浮浮、恩恩怨怨……因此，从某种意义上来说，这就是一种残缺之美吧！

第八章　大将卫青：家国天下的标杆和守护神

骑奴变成了女主人的第三任丈夫

平阳公主绝对称得上是卫氏家族的贵人。

那一年，一个10岁左右的男孩子，不堪忍受后母和异母兄长们的欺凌而离开了平阳县郑家，并以小小的年纪，历经长途跋涉的艰辛来到长安，走进平阳侯府，跪在了平阳侯府女主人的面前……

当男孩子仰视着那个衣着华丽的女主人时，眼神凝固了。他想：啊！难道这就是我梦中的仙女姐姐吗？

此时的平阳公主是高高在上的女主人，她看着下面的黄毛小儿，只是出于对府上女奴的关照而答应小儿留在了府中。然后，如一阵风刮过，在很长一段时间内，黄毛小儿消失在她的印象和视野里。

然而，平阳公主这一个不经意的允诺，却让黄毛小儿有了安身立命之所，成了平阳侯府马厩的一名骑奴，也有了名字叫——卫青。

虽然生活在一座平阳侯府里，女主人和骑奴的生活却是两条平行线，一个在天上，一个在地下，几乎没有交集。

日子天天过，天天都有乐。

养马的生活是快乐的。不知不觉间，卫青已由那个没有什么能力保护自己的黄毛小儿，长成了一个翩翩美少年，而且还是一位驯马高手。

那一天，当刚刚生育儿子满月后的平阳公主，误走误撞地来到了马厩，遇到了惊魂的驯马一幕，也惊异地发现了高高大大的英俊少年——卫青。

于是，卫青的命运再次发生了转机，成为侯府女主人的贴身骑从。要知道，这可是骑奴们梦寐以求要达到的最高境界，是人人羡慕的好差事。

当卫青逃离郑家时，应当说还是个孩子，就连当骑奴的资格还没有。因此，他没想到，几年之后，竟然谋得了平阳公主骑从的职位。

然而，这还不算结束，更令卫青不可能想到的是：十几年后，他会成为那座平阳府邸的主人，而他所侍奉的高贵公主、仙女一样的美丽女主人，会成为自己的妻子。

卫氏一家都曾经是平阳侯府的奴仆。

当汉景帝的女儿阳信公主嫁入了平阳侯府以后，不仅公主的名号变为了平阳公主，而且卫氏一家人的命运都因为公主而发生了巨大的改变。

首先是建元二年（公元前139年），汉武帝在平阳侯府宠幸了卫子夫，并带入宫中。然后是卫青由平阳公主的骑从变成了汉武帝的侍中。再后来就是卫青和卫家二姐卫少儿的儿子霍去病，两人先后被汉武帝看中并推到了出击匈奴的第一线。卫青和霍去病不负汉武帝期望，数次立功，得以封侯赐爵。最后是卫氏家族成为汉武帝一朝的外戚第一家。

可以说，如果没有平阳公主，就没有卫氏家族的繁荣。

在公元前129年至公元前119年的十年间，卫青完成了一个从青涩的奴仆到一个成熟的大将军的裂变。

第一年，卫青完成了从少年到青年将军的转变。第二年，卫青出击匈奴成功，得到了卫霍家族第一个爵位——关内侯。第四年，卫青第三次出击匈奴，从云中打到高阙再到陇西，成为长平侯。

到了元朔五年（公元前124年），卫青出高阙，赶跑右贤王，成为大将军。卫青的三个儿子也获得了封侯。

公元前119年时，卫青和外甥霍去病又联合在漠北对匈奴的战争中立下赫赫战功，使得大汉北方边境得以长治久安。

由此，卫家一门五侯，一时名扬天下。

与此同时，平阳公主也在按照她的轨迹生活着——

在皇家名册上，平阳公主的正式名称为阳信公主。

汉朝时，一般以公主食邑或夫家封邑所在地称呼公主。因平阳公主的食邑是阳信，故称阳信公主。又因其嫁给了开国功臣曹参的曾孙平阳侯曹寿（又名曹时），所以又称平阳公主。当平阳公主的弟弟汉武帝刘彻即位后，又被尊为平阳长公主。

关于平阳公主嫁给曹寿的具体时间，现已无法考证，但可以确定的是，汉武帝元光四年（公元前131年），曹寿去世，平阳公主成为寡妇。

平阳公主和曹寿生有一子，名叫曹襄。曹寿死后，曹襄继承平阳侯的爵位。曹襄的妻子，又是平阳公主弟弟汉武帝刘彻与皇后卫子夫的长女卫长公主。

平阳侯曹寿死后，平阳公主改嫁给了开国功臣夏侯婴的曾孙、汝阴侯夏侯颇。

夏侯颇在元光二年（公元前133年），嗣汝阴侯之位。夏侯颇在娶了丧夫的平阳公主之后的元鼎二年（公元前115年），因为和他父亲——前任汝阴侯夏侯赐的姬妾通奸，事发后，夏侯颇畏罪自杀，封国也被撤销。

因此，平阳公主再度守寡。

叹命运之多舛。说起来，平阳公主也是一个苦命人。

平阳公主再度守寡后，这一次的打击比第一次的还要大，此时，平阳公主的儿子曹襄也去世了。虽然留有一个孙子，然而这个孙子曹宗，算起来是在平阳公主嫁到汝阴侯家之后出生的。毕竟是祖孙，两人隔着辈分，又因祖母的改嫁，两个人事实上一直就不在一处居住，因此，那一份唯一的血缘亲情纽带，也就淡了许多。

此时，对于平阳公主来说，虽然有母亲，却已是垂暮之年；虽然有弟弟，却高贵为皇上……因此，孤苦伶仃的平阳公主需要再嫁，已经是所有人公认的事情。

那么，谁又是可以同平阳公主相依相伴终生的那个人呢？

此时，时光已经推进到了元鼎二年（公元前115年）之后。

此时，不但卫青与霍去病联合出演的漠北之战已经结束，而且霍去病也已不在人世。家奴出身的卫青，如今已变成了贵极人臣的长平侯、大将军、大司马，朝中官员无不巴结奉承。

这时，平阳公主寡居在家，又动了结婚的念头。

在汉朝，婚姻比较自由，对女子改嫁没有太多的戒律，但是，公主要改嫁，必须要在列侯中选择丈夫。只有列侯，才可以配得上公主。

此时，所有人早已把卫青定为了尚公主的不二人选。

甚至在更早的一些时候，当平阳公主第一次寡居的时候，私底下关于平阳公主与卫青的传言，就已经是沸沸扬扬了。

当卫青出师大捷，汉武帝不仅送上了大将军印，益封了6000户，甚至还将卫青膝下的三名幼子一并封了列侯。《汉书》中说，三个儿子尚在襁褓中，这可能有些夸大，但是，年龄幼小是无疑的了。

皇恩浩荡如此，令朝廷上下瞠目结舌。

因为人们都知道卫青亡妻并无所出，此三子均为庶出。嫡庶之分虽然在平常人家并没有明显的差别，但是对于侯爵承袭却有着微妙之别。按汉律，世袭的列侯须由嫡长子继承，庶子不能做世子。如今，汉武帝连封了卫青的三个庶子为列侯，这般超乎寻常的恩宠，怎么能不令人咋舌呢?

一时间，朝廷内外说什么的都有，长安市井中各种流言也疯传。其中，有一种传言说，皇上之所以要封此三子为侯，不仅仅是对卫家的恩宠，还因为此三子中有长公主的私生子。

不过，流言终归是流言，谁也没有真凭实据。后来，随着平阳公主再嫁给汝阴侯夏侯颇，流言也就渐渐平息了。

至于汝阴侯夏侯颇娶了倾国倾城的美丽公主，还要与父亲的姬妾通奸，以致招来除国和杀身之祸，个中的缘由只有当事人自己知道了。

现在，只说平阳公主再度守寡，人们又重新把正妻已经病故的卫青认定为了驸马的唯一候选人。

且说这一日，平阳长公主府的正堂内宾客盈门。

今天这些宾客都是平阳长公主请来的，有许多还是平阳侯曹寿在世时的旧门人。此刻，众人候在正堂内议论纷纷，不知道长公主请他们来所为何事?

不多时，平阳公主着一身飘逸的淡紫色长裙，雍容典雅地走进来，厅堂内议论声骤止，代之而起的是："见过长公主！"

"诸位不必多礼！"平阳长公主笑盈盈地回了一礼，然后径直来到正中的坐榻上坐下。待众人皆落座后，平阳长公主目光扫过众人，又接着开了口："今日请诸位前来，是想商议我的婚姻大事。我欲在列侯之中择一贤者下嫁，不知当今列侯中何人最贤？"

众人面面相觑，一时不知应该如何回答。这时有一位须发斑白的老者站起身，捋了捋花白的胡须，躬身施礼道："长公主！遍观长安诸列侯，最贤者非长平侯卫大将军莫属。卫大将军功高盖世，又谦和仁厚，深得士卒拥戴，实为难得，贤者之名当之无愧。"

众人皆附和道："是啊！是啊！非大将军卫青莫属。"

平阳长公主笑着说："他是我从前的下人，过去是我的随从，怎么能做我的丈夫呢？"

花白胡须的老者接道："卫大将军已今非昔比了。他现在是长平侯、大将军，姐姐是皇后，三个儿子也都封了侯，可以说是富贵震天下，除了卫大将军，哪还有比他更配得上您的呢？"

"原来你们都是这个看法啊！"平阳长公主窃笑了一下，又正色道："也罢，容我再考虑一下。"

"长公主不用再考虑了，此乃天作之合也！"众宾客同声说道。

其实，今天这场宾客大会是平阳长公主刻意安排的。

在汉朝，婚姻是件极为郑重之事，要经过一系列严格的礼仪程序。其中，"议婚"算是头一道程序了。通常的议婚是由双方亲族长辈来议定。平阳长公主安排了这次宾客大会，也算是一次郑重的议婚了。

当然，众宾客心知肚明，自然顺着女主人的心意去说了，自然是皆大欢喜。

接下来需要征求意见的，当然是皇宫里的皇帝和皇后了。因为他们不仅是一国之君和母仪天下的皇后，还分别是两位新人的弟弟和姐姐。

于是，平阳长公主就进宫先和卫皇后说了婚事。聪明的卫皇后当然又转达给汉武帝了。

汉武帝知道后，失笑道："当初我娶了他的姐姐，现在他又娶我的姐姐，这倒是很有意思。"

于是，汉武帝当即允婚。

然后，卫青便接到了皇上颁给他的一纸诏书，令他迎娶平阳长公主。

一时间，小骑奴咸鱼翻身要迎娶昔日的女主人，成了一条轰动一时的大新闻。

夙愿得偿，风光无限。卫青手捧诏书，百感交集之中不觉想起当年甘泉宫那位老钳徒的预言……

那是一个微风拂面，阳光和煦的春日，一大清早，长安城街面上就热闹起来了。街道上挤满了人。因为，人们都想亲眼看见大将军卫青与平阳长公主的豪华婚典。

人们亲眼看见了新郎官、大将军卫青的神采——威武之中又透着几分儒雅与俊朗，而接下来的婚礼盛况就不是一般人能看得到的。据说皇帝和皇后以亲戚的身份参加了盛宴。至于新郎和新娘在那一刻的感受，也许真的只有他们自己体会得到了。

总之，时迁事移，当年的骑从就这样做了女主人的第三任丈夫。

这样一来，卫青与汉武帝亲上加亲，更受宠信。但卫青为人谦让仁和，敬重贤才，从不以势压人……

前车之鉴，不触碰皇权的底线

汉武帝时代是皇权伸张的大汉帝国的全盛时代，外戚绝不能侵犯皇权，宦官的力量也远未能干预政治，全国的军政大权集中于“雄才大略”的汉武帝一人之手。皇权至上，皇权第一，这是汉武帝不允许任何人触碰的底线。

卫青与霍去病正是在这种政治大环境下，过着他们的外戚生活。

其中，霍去病因为他的迅如流星的人生，还没来得及充分体验其中的凶险，就将世间的一切画上了美丽的休止符，这倒不失为是一种带着遗憾的完美了。

然而，卫青就不同了。他要想让自己能够寿终正寝和让卫氏家族有一个较为圆满的结局，必须要记住前车之鉴，不触碰皇权的底线。

能够让卫青引以为前车之鉴的两位是——窦婴和田蚡。他们二人的身份也是外戚。

汉武帝之所以视外戚为重点防范对象，是因为在他之前，当外戚的权势膨胀到极点时，可以废立皇帝，可以实行篡窃。在雄才大略的汉武帝即位初期，他也深受外戚专权之扰。因此，他小心经营着，打压着……当终于度过危险期后，他是绝对不会允许那种外戚专权篡位的情形再在自己的身上发生和挑战他的皇权底线的。

在汉武帝刚刚即位的时候，外戚的权势还很大。窦婴和田蚡同时辅政，这两个人的身份都是外戚，却是分属于两股外戚集团。

为什么会分成两股呢？

一股是窦婴为主的外戚集团。

窦婴是汉武帝祖母即汉文帝的皇后窦氏的从侄。在汉景帝时代，窦婴拜为大将军，后又因平吴楚之乱有功，封为魏其侯。从此，他盛养宾客，权势渐渐增大，可以称得上是外戚兼元老。

窦婴的外戚靠山——汉文帝的皇后窦氏，也是一位权力欲极强的、不甘寂寞的女人。在汉文帝时代，在她贵为皇后时，其实已经失明，但是在她的儿子汉景帝时代，甚至是孙子汉武帝时代的初期，仍然起着支配地位。

在前文中提到的馆陶长公主，就是窦氏的女儿。在汉武帝刘彻当年被立为太子，最后成为皇帝一事上，馆陶长公主是帮了大忙的。馆陶长公主之所以能帮上这个忙，无非是她能在她的母亲——已经成为窦太后的窦氏面前说得上话。同时，这也从侧面反映了窦氏在朝中说话的分量。

另一股是田蚡为主的外戚集团。

田蚡是汉武帝母亲，即汉景帝的皇后王氏的同母弟弟。王皇后的母亲叫臧儿，她先嫁给了王仲，生两男两女而寡，长女即为后来的王皇后。又改嫁长陵田氏，生了田蚡和田胜。

汉武帝即位后，田蚡便以母舅的身份，被封为武安侯，田胜封为周阳侯。从此，田蚡以外戚身份大摇大摆地步上了政治舞台。

作为外戚，靠着裙带关系封侯也就罢了，偏偏这个田蚡的政治野心还极大。他想在政治舞台上独步一时，因此，他一被封为武安侯便开始培植党羽，多加推荐有声望的人物到皇帝左右，对汉武帝实行包围。

等到汉武帝建元元年（公元前140年），丞相卫绾被免官的时候，田蚡竟然在短短的几个月时间内，就成为丞相的第一人选。

最后，在丞相一职的人选上，因为另一位外戚窦婴的资历和威望更高，而且窦婴的靠山、已成为窦太皇太后的窦氏，还在影响着朝政，因此，窦婴做了丞相，而田蚡做了和丞相地位相同的太尉。

可以说，窦婴和田蚡两个人，是汉武帝即位后的两位重要辅政大臣。然而，这两位外戚出身的朝廷重臣都好儒术，虽然这和年轻的汉武帝的思想是一致的，却犯了尊奉黄老之术的窦太皇太后的大忌。

窦婴和田蚡共同推荐了一个御史大夫赵绾。建元二年（公元前139年），赵绾请求窦太皇太后不要再问朝政，惹得这位太皇太后大怒，便把赵绾、窦婴和田蚡等一齐赶下了政治舞台。

由此可见，此时实际掌握着朝政大权的仍然是窦太皇太后。

窦太皇太后死于汉武帝建元六年（公元前135年），也就是说，在汉武帝即位初期的六年间，汉武帝是受着窦太皇太后制约的。

窦太皇太后信奉黄老之学，思想守旧，注定会和英姿勃发、青春正盛、希望能有所建树的新皇帝——汉武帝发生冲突。

在学术思想上，汉武帝反黄老崇儒术；在政治主张上，汉武帝是要改制的；在军事上，汉武帝是要进攻匈奴的。然而，因为有窦太皇太后压在头上，汉武帝的新政都无法实施。

等到窦太皇太后去世后，朝政才正式掌握在汉武帝手中。

此时，窦婴的靠山倒了，虽然他也曾被罢官，但终归是窦氏外戚集团的人，窦太皇太后留给汉武帝的阴影，实在是太过恐怖和深刻，因此，无论如何，窦婴肯定是没戏了。

被窦太皇太后罢免的田蚡，又重新站出来了。

田蚡是汉武帝的母舅，因为姐姐此时已贵为王太后，靠着这层关系，田蚡不仅毫无悬念地当上了丞相，而且起初是深得汉武帝这个皇帝外甥的信任的。

每次田蚡入宫奏报，常常是到天色很晚才出宫，有些事儿经王太后那儿一周旋，汉武帝这个孝顺儿子基本上就都是言听计从了。

因此，由田蚡所保荐的人往往能成功。

按理说，既然皇帝对你如此信任，你应该对得起这份信任，尽心尽力地辅政，以报皇恩，这样才对啊！然而田蚡的野心实在是太大了，也有些忘乎所以，甚至不知道自己是谁了。随着权力的逐渐增大，他的态度也日渐骄横。

当然，田蚡推荐人，不是任人唯贤和任人唯才，而是任人唯财。也就是说，谁给他钱多，他就保荐谁。他所保荐的人，有起价达到两千石的。真可谓是“权移主上”了。

说白了，这就是利用皇帝给他的权力，用来“买官卖官”，中饱私囊了。

日子久了，田蚡的行为引起了汉武帝的不满。

有一次，汉武帝用揶揄的口气对田蚡说：“你的人，全派完了吗？朕也想派几个人呢！”

按理，皇帝都如此提醒你了，只不过看在母后的面子上对你这是好言相劝罢了，你田蚡应该收手了吧？然而，这个不知死活的田蚡，不知道是真听不懂，还是假装糊涂，也或者是利欲熏心已经达到了疯狂的地步，他却说："启禀皇上，臣再请求把属于考工衙门的官地划归微臣的私人住宅。"

听到田蚡如此的请求，汉武帝猛地拍案而起，撂下一句话，"你干脆把国库拿去好了！"然后怒气冲冲地转身去了内堂，留下个母舅田蚡兀自在那儿发愣。

田蚡如此贪得无厌，原因在于，他的奢侈到了极点的生活是需要巨大的开支来供养的。《汉书》中对他有这样的记载："治宅甲诸第，田园极膏腴，市买郡县器物，相属于道，前堂罗钟鼓，立曲旃，后房妇女以百数，诸奉珍物，狗马玩好，不可胜数。"

当时的一般游士说客和政府官吏，为了自己的目的，或者为了能争得一顶乌纱帽，当然对田蚡这位在皇上面前说话好使的人，是百般阿谀奉承，极尽讨好之能事的。

然而，田蚡如此的暴发户嘴脸，不要说汉武帝了，即使是稍有一些正义感的人都是看不惯的。其中，就有一个在吴楚之乱时，曾经大出风头的将军，名字叫灌夫的人，不肯依附田蚡。灌夫的性格刚直，嗜酒，不好文学，但是重义气讲承诺，是当时的一个游侠领袖。灌夫看不惯田蚡，同情窦婴的失势，便和窦婴结成生死之交了。

随着田蚡的权势渐高，灌夫和窦婴对于他的愤懑也越深。终于，在元光三年（公元前132年）的夏天，双方的冲突爆发了。

这一天，田蚡为了娶燕王女为夫人，大宴宾朋。席间，灌夫借着酒劲儿大骂新郎官乃是无耻之徒。这还了得，灌夫便以大不敬之罪被绑入狱。早已失势的窦婴当然多方营救，但终无果。灌夫被族诛。窦婴也受到连累，弃市渭城。

按照汉武帝的想法，他是不想处死窦婴的。但是母后为自己的弟弟田蚡着想，对汉武帝施加压力，汉武帝不得不为之了。

到了第二年的春天，也就是公元前131年，田蚡也因病死了。

汉武帝本来就对田蚡不满，后来，汉武帝又发现了田蚡生前曾与淮南王刘安有瓜葛，因此，汉武帝更深恨田蚡，并且说："如果武安侯不死，他也要被族诛了。"汉武帝说这话时，被时为武帝侍中的卫青听到了，并牢牢地记在了心里。

当时卫青心想：皇权是至高无上的，皇权是有底线的，是不可以触碰的！否则，只有死路一条。

不养士，以和柔自媚于上

母舅田蚡的专恣，以及一些由于窦婴和田蚡的冲突而引起的政治纠纷，使汉武帝对于外戚产生了一种政治性的戒心。

同时，窦婴和田蚡等外戚的覆辙，也让卫青获得了惨痛的领悟——要一切遵从汉武帝的意志，否则将会死得很难看！

窦婴、田蚡以及灌夫，这些人之所以能够干政，主要是靠了他们都在大量招募宾客，培植私党。这些宾客或私党，是一柄双刃剑。他们是外戚们干预朝政与互争权势的重要武器，同时，也是将外戚们送上断头台的催化剂。

在汉朝初年，形成了这样一种现象：社会上那些不事工商与农业生产的游侠、辩士与失意的政客们，往往都寄食在几个著名的显宦或外戚的门下。

一时间“养士”成为一种政治风尚，但也是一种和皇权发展发生着冲突的风尚。汉武帝充分认识到了这种风尚对皇权的威胁，他必须防患于未然。

为什么这么说呢？这还得从游侠的起源说起。

侠，产生于礼崩乐坏、人性光辉极度张扬迸放的春秋乱世。在反抗暴秦、楚汉相争的动荡岁月里，到处是萍踪侠影，比如，汉高祖刘邦的许多部下都曾经是游侠。

到了汉初，为刘氏江山立下汗马功劳的游侠们，纷纷封侯，再加上汉初宽松自由的黄老政治，使得西汉初年成为游侠的第二个黄金时代。

然而，“儒以文乱法，侠以武犯禁”，侠义所追求的自由与朝廷所倡导的秩序之间的矛盾越来越尖锐，侠，也终于不再被朝廷认可。《史记》《汉书》之后，官史也不再为游侠立传。在酷吏们的屠刀面前，曾经风光无限的游侠们尊严扫地，游侠的黄金时代也结束了。

在汉武帝时代，有一位游侠叫郭解。

郭解不是达官权臣，也不是世袭贵族，甚至都算不上是个有钱人，却被司马迁写进了《史记·游侠列传》中。同时，就是这样一个无官无品之人，汉武帝亲自下达了对他的逮捕令，并在朝廷上议论其案，且最终将其灭族。

郭解是触动了汉武帝的哪根神经，让这个至高无上的皇帝要和他这样一个平民较劲呢？

郭解，字翁伯，河内轵人。他个子矮小却精明强悍。他招揽亡命徒，抢劫财物，私铸钱币，掘坟盗墓，可谓是干尽了坏事。可是，说起来也巧，每次犯科杀人以后，他总是能遇到大赦。也许，这是上天给他机会改过自新呢？

等到年龄大了，郭解开始以恩报怨，经常施舍，至少表面上是行侠仗义的。但是，江山易改，本性难移，他的内心仍然是残忍狠毒的。然而，他这种扭曲的性格行为，却得到了很多年轻人的仰慕和效仿。甚至包括已经是大将军的卫青，在青年时代对他也很崇拜。

元朔二年（公元前127年），汉武帝要将各郡国的富豪人家迁徙到茂陵附近居住，基本条件是家资满三百万。虽然郭解不符合这个条件，却上了迁徙名单。

这时，大将军卫青替郭解向汉武帝求情说："郭解家中贫困，不符合迁徙的标准。"

汉武帝含义很深地盯视着卫青说："一个平民百姓，能够让大将军替他求情，证明他家并不穷。"

当然，最后还是把郭解一家迁徙了。郭解将被迁移到关中，为他送行的豪客们送给他的礼金就达一千余万，超过了迁移标准的好几倍。

因最初提议迁徙郭解的是轵县杨季主的儿子，时任轵县县掾。郭解的侄子就把这个杨县掾的头砍了。从此杨、郭两家结了怨。到了茂陵以后，郭家又把杨季主杀了。杨季主的家人上书告状，告状的人又被杀死在宫门口。

汉武帝知道了这个消息，下令捉拿郭解，郭解跑了。

后来，又发生了很多起杀人案件都与郭解有关。虽然不是郭解亲手所杀，有的甚至郭解并不知情，但终是因为郭解而起。最后都成了一桩桩悬案。

御史大夫公孙弘说：“郭解虽是一个平民，但是他专意行侠，玩弄权术，因为小事而杀人，郭解自己虽然不知道，这个罪比他自己杀人还要严重。应该判处郭解大逆不道的罪。”汉武帝同意了公孙弘的意见，不仅杀了郭解，还将其灭族。汉武帝之所以与郭解这个小人物过不去，原因是汉武帝预见到了危害。

郭解在社会上已经拥有了一定的势力，如果不及时根除，很可能就会成为一个毒瘤，发展到一定的程度，就会要了刘氏政权的命。

作为皇帝，汉武帝不害怕一个侠士凶徒，但害怕的是这种收买人心之人，这种“群众领袖”是皇帝的心病。有道是天无二日，谁又敢说这个小地方的“日头”就不会照到京城长安里来呢?

另外，汉朝到了武帝时期，刘氏政权已经进入稳定阶段，对于郭解这样的人，已经不是政权所需，留着他，只能被别有用心之人所利用。郭解说句话就能免除一个人的劳役。一个县掾说砍头就被砍头，在宫门口都敢杀人，郭解的能量和震慑力该有多大？汉武帝敏锐地看清了这一点，所以在大将军卫青给他讲情时，不但不给面子，反而下定了必杀的决心。

当时，卫青正掌握着军权，姐姐卫子夫被立为皇后正得恩宠，汉武帝要杀郭解，绝不是随意而为，而是有着更深层次的考虑。如果卫青或者和卫青一样有地位的人要利用郭解的势力，让郭解发挥其影响，朝廷的麻烦一定不亚于一个诸侯国的叛乱，汉武帝不得不防患于未然。

汉武帝在卫青贵为大将军之后，也生怕卫青植树党羽，因此处处予以防范。在郭解的问题上，就是一个例子。

此外，汉武帝也刻意地不使卫青有机会得到一般辩士的拥护。凡是卫青举荐的人，汉武帝肯定不重用。说白了，即使是有才华的人，如果想通过卫青的关系求得一官半职，那就更没门了。

有一个山东临淄人叫主父偃。他出身贫寒，早年学长短纵横之术，后学《易》《春秋》和百家之言。

汉武帝元光元年（公元前134年），主父偃抵长安。初时，拜在卫青门下。卫青知其有才能，便几次向汉武帝保荐，然而，汉武帝都没有录用。

后来，主父偃直接上书给汉武帝，当天就被召见了，并与徐乐、严安同时拜为郎中，不久又迁为谒者、中郎、中大夫。竟然一年中升迁了四次，算是得到了汉武帝的破格任用了。

聪明如卫青，岂能看不出汉武帝对他的这种限制呢？既然如此，那么，卫青不能，也不敢以卵击石了。所以，卫青不养士，在他看来，养士是皇帝的事情，是“皇权”的一部分，人臣是无权过问的。甚至，卫青表现出了一种保守、退让，而且不喜欢和士大夫接近的消极态度，这种态度是不合时尚，甚至是不合群的……然而，这就是卫青的为臣之道。也因此，司马迁在《史记》里评价卫青是——“以和柔自媚于上”的人。

谦和退让，敬重别人就是尊重自己

卫氏一门显赫后，长安城中有歌谣说：“生男无喜，生女无怨，独不见卫子夫霸天下。”

这句话的意思是说：卫氏一门的显贵，全靠了皇后卫子夫。

其实不然。

虽然在两汉时期，左右朝政的外戚大多数是靠着裙带关系窃居高位的，然而卫青、霍去病这两外戚却不同，他们都是因为军功而封侯，凭的是出生入死的浴血奋战，靠的是为国家做出的重大贡献。

事实上，也正因为如此，即使是后来皇后卫子夫失宠，卫青与霍去病两人在汉武帝心目中，以及在朝廷的地位，也丝毫未受影响。

作为职业军人，卫青是一位秉职尊业的人。

卫青是汉武帝培养出来的一名军事将领，他对汉武帝的才略、主张以及一切军事政治上的设计与作风，都是绝对拥护的。

可以说，拥护皇权统一的思想，是卫青的中心思想，他根据这种认识，去执行汉武帝分派给他的军事任务，同时，也根据这种认识，参加政治活动。也就是说，卫青是绝对以汉武帝的意志为意志的。

当然，不只是卫青，在这一点上，霍去病也是如此。

试想：一个七战七捷，无论革新战法始破匈奴，在险境临危应变以弱胜强的大将军；抑或是出入禁中、掌议论，参决政事、秉掌枢机的天子侍中和内朝大司马大将军，都需过人的应变能力和魄力。

对外辱强敌，卫青有力回击；而对待同仁，则谦和仁让，出将入相，气度宽宏。即使是位极人臣，卫青仍然是敬重贤才，从不以势压人。

如果说卫青是一个聪明人，那么卫青的聪明就在于：懂得谦和退让，知道敬重别人就是尊重自己的道理。

在卫青看来，要得到皇上或群臣的尊重，无非需要做到两条：一是自己要有点儿真功夫；二是内心要有所坚守。

人必自重，才能得到他人的敬重。这是一条金科玉律，自古都如此。汲黯是汉武帝时期著名的直言善谏的大臣，用现在的话说：汲黯是一个牛人。

卫青因军功被汉武帝封为大将军，又有姐姐贵为皇后，一时间，在三公九卿中，卫青独得尊崇。甚至，汉武帝都希望群臣们，在见大将军时行跪拜之礼。

为此，满朝大小官员都对卫青多有巴结，昼夜奔走在卫府，希望卫青帮自己在皇上面前多说两句好话，至少不说坏话。

然而，凡事都有例外。汲黯就是个例外。

汲黯没有趋炎附势，上朝下朝，每当遇上大将军卫青，仍用行揖礼这种平等的礼节对待卫青。

汲黯如此行为，在一般人看来是颇为不智的，就连朋友和家人也觉得不妥，于是，便纷纷向汲黯建言，说："老汲啊，难道你看不出来吗？皇上正在力挺卫大将军呢！当今天子希望朝廷文武百官都居于大将军之下。大将军地位现正炙手可热，你不可以不拜的！"

汲黯听罢，略一沉思后，答道："怎能说我不尊重大将军呢？凭大将军的地位，如果有人居然敢以平等礼仪对待他，而他却不恼怒，这不正说明大将军礼贤下士吗？岂不是更提高大将军的身份吗？"

人世间不缺"传话筒"，此话很快传递到了卫青的耳朵里。

卫青是个明白人，一听这话，他真觉得汲黯是个贤明的人。于是，卫青多次登门拜访，向汲黯请教有关国家的疑难大事，看待他胜过平素所结交的人。再经过一番促膝交谈，卫青对汲黯也愈发地尊重了。

其实，不仅大将军卫青，汉武帝对汲黯也是礼敬有加的。

卫青虽然已是贵为一人之下，万人之上的大将军了，但是，卫青进宫时，汉武帝有时就坐在床边接见他。

汉武帝在召见丞相公孙弘时，偶尔也顾不上戴帽子，非常随意。

然而，汉武帝在召见汲黯时，如果来不及戴帽子，汉武帝就宁可不见。

话说有一次，汉武帝正在帐中观看兵器陈列，碰巧汲黯要进帐奏事，又碰巧汉武帝没来得及戴帽子。汲黯已进到门口，汉武帝赶忙躲入后帐，并派人传话，这回不方便见汲黯了，凡他所奏，朕一一照奏就是了。

其实，汲黯、公孙弘、卫青，论官位是由小到大排列的。从汉武帝接待他们的方式上，其亲疏态度、随意度可见一斑。

也许，在床前接待卫青的汉武帝，彼时已然把卫青当作了家里人。

同时，在汉武帝给卫青颁发的受封诏书上，可见“大将军位于三公之上”“天子欲群臣下大将军”等字样，从允许卫青这位大将军可以和皇帝同乘一辆车的规格来看，也可知卫青身份的显耀了。

卫青虽然位高权重、才干绝人，却依然对士大夫们有礼貌，对将士们有恩德，在战场上也能与将士们同甘共苦。

正因为卫青有这样的气度和作风，他才会成为一代的名将和重臣，才会集结群策群力，完成汉武帝所托付给他的重大的军事任务。

卫青的恢宏大度，屈已爱人，是有目共睹的。

元朔五年（公元前124年）时，卫青出高阙，击匈奴，立下赫赫有功，得益封8700户。

其实，当时卫青是坚决推辞对三子封侯的，他说：“臣幸得待罪行间，赖皇上神灵，军大捷，此诸校力战之功也。皇上已益封臣青，臣青子尚在襁褓中，未有功劳，伉等三人，何敢受封？”

最后，汉武帝一方面照旧封了卫青的三个儿子为侯，一方面大加封赏了从征有功的一般将校。

当然，也常有人评价卫青过于“和柔”。比如，在对待李广之死的问题上，其实，无论从任何方面讲，和卫青都没有关系。至于史家司马迁在《史记》中，指责卫青有意借此机会提拔自己的好友，而陷李广于困境之记载，那当真是司马迁将个人感情带入撰史中的缘故了。

后来，李敢为其父报仇而刺杀卫青，卫青虽然重伤，却不预追究，更加显出了卫青的宽宏大度。

再后来，李敢之死，不论是卫伉所为，还是霍去病为亲情而亲自实施的射杀行动，都是卫青所无法阻止的。

总之，卫青以他的为人为官，不仅获得了汉武帝的不杀，而且，在卫青在世的时候，从来无人构陷，也无人敢构陷卫家和太子刘据。

当然，卫青的身后之事，不是他所能撑控的。据《资治通鉴》记载：卫青去世之后，很多人认为太子失去了外戚的支持，才敢企图陷害太子。汉武帝后期，如李广利、江充等人，均是在卫青死后才有机会担任要职的。

东郭先生献上的“奇策便计”

一说到东郭先生，马上会让人联想到那个脍炙人口的寓言——东郭先生与狼的故事。

晋国有一位书生，是一个读死书、死读书且又十分迂腐的人。

有一天，这位东郭先生赶着一头毛驴，背着一口袋书，到一个叫“中山国”的地方去谋求官职。

突然，一只带伤的狼蹿到他的面前，哀求着让东郭先生救它。于是，东郭先生起了恻隐之心，将狼装进放书的口袋中，并骗过了猎人。待仁慈的东郭先生把狼放出来时，狼却嗥叫着想把东郭先生吃掉。正在这时，有一位农民扛着锄头路过，用计把狼打死了，才救了东郭先生的命。

后来，“东郭先生”和“中山狼”就成为了汉语中的固定词语。“东郭先生”专指那些不辨是非而滥施同情心的人，而“中山狼”则指那些忘恩负义、恩将仇报的人。

当然，本文中给大将军卫青献上“奇策便计”的东郭先生，却绝非那个迂腐的东郭先生。

至于为什么有如此多的“东郭先生”，大概是因为“东郭”不是姓氏而是指方位之类的，或者是人们习惯于如此称呼，或者是史家的记载习惯原本就如此吧？总之，名字不重要，重要的是东郭先生献上的“奇策便计”是什么？管不管用了？

汉武帝元朔二年（公元前127年），时任车骑将军的关内侯卫青率领军队出击匈奴，追到余吾水边才返回，斩杀大量敌兵，捕获许多俘虏，立下战功。

卫青胜利归来时，汉武帝加封卫青为长平侯，并下令赏赐黄金千斤。

卫青获得封赏后，刚从皇宫门中出来，就有齐地人东郭先生，当道拦住卫青将军的车马，拜见说："有事禀告卫将军。"

这位东郭先生是以方士的身份，在公车府候差。

卫青将军停下车，很客气地准备向这位素不相识的老先生请教。

东郭先生靠在车旁，开门见山地说道："现在，王夫人新近得到皇帝的宠爱，但是，她的家里很穷。如今，卫将军获得黄金千斤，如果用其中的一半送给王夫人的父母，皇上知道了，一定很高兴。这就是所谓巧妙而便捷的计策啊！"

"谢谢老先生！"卫青毕恭毕敬地说："先生幸亏把这便捷的计策告诉我，一定遵计而行。"

于是，卫青果然就用500斤黄金作为给王夫人父母的赠礼。

王夫人当然马上将此事告诉了汉武帝。

汉武帝深知卫青的为人，便说："卫青不懂得这一套啊！"

汉武帝的好奇心也被调动起来了。于是，汉武帝立即宣卫青觐见。

当卫青来到未央宫的皇帝寝殿时，汉武帝侧卧在床榻上问："说吧！从哪里得来的计策？"

汉武帝对卫青这位小舅子兼宠臣还是了解的。

卫青跟了汉武帝这么多年，有些话不需要皇上完全说明，他也知道皇上所问何事了，因此回答道："从候差的东郭先生那里得来的。"

"东郭先生，这是怎么样一个人呢？"汉武帝从来没听说过，又追问了一句，"是你府上的门客吗？"

卫青一听，赶紧回答道："不是，不是。臣对东郭先生以前完全不认识，只是那日在宫门外第一次遇到。他便和微臣说了王夫人家里的情况。臣以为：既然可以为皇上分忧，为什么不去做呢？"

"哦——"汉武帝长嘘了一口气，似乎放心了，脸上的神色也舒缓了许多，然后又接着问："知道他在谁的府上候差吗？"

卫青答道："据说他在公车府候差，已经很长时间了。对了，听说他还是个奇人呢！"

"哦？快说说，怎么个奇法？"汉武帝的兴趣被完全调动起来了，一下从侧卧的床榻上起身坐了起来。

“听说这个东郭先生因贫困饥寒，穿的衣服很破旧，鞋子也不完好。有一次，他穿着有面无底的鞋子走在雪地里，脚就全都踩在地上了。有过路人就嘲笑他，而他却说，谁能穿鞋走在雪地里，但让人看去，鞋上面是鞋子，鞋子下面竟像人的脚呢？没人能做到，世人怕也只有他了。”卫青向汉武帝讲着他听来的故事。

哈哈——哈哈——，真是奇人啊！

于是，汉武帝下令召见东郭先生，并任命他为郡都尉。

不久，等到东郭先生已被任命为俸禄二千石的官时，他就佩戴着青绶走出宫门，然后去辞谢他的旧主人。此时，旧时同他一起候差的，都分批地在城郊外为他饯行。

自此以后，东郭先生一路荣华显耀，名扬当代。

东郭先生就是所谓的身穿粗布衣服，怀里却揣着珍宝的人，主动抓住机会，用一条妙计，不仅帮了别人，也推荐了自己。也许，这就是东郭先生的聪明之处吧！

俗话说：相马因其外表消瘦而漏掉良马，相士因其外貌贫困而漏失人才。

在东郭先生的身上，人们不禁感叹：当他贫困时，大家都不理睬他；等到他显贵时，就争着去依附他。

再回头来说说被卫青接济的王夫人。

应该说，王夫人也是一个苦命的女人。她虽然入了宫，得到了皇上的宠幸，并也生育了一位皇子。然而，因为她没有卫青、霍去病这样的兄弟和外甥助力，因此也就没有了像卫子夫一样的地位。甚至，发生在她身上的故事，也被后世史家安在李夫人身上了。

王夫人病重，皇上亲自去探望，问她说：“你的儿子应当封为王，你要封他在哪里呢？”她回答说：“希望封在洛阳。”皇上说：“不行。洛阳有兵器库、大粮仓，又位于交通关口，是天下的咽喉要道。从先帝以来，相传不在洛阳一带封王。不过，关东一带的封国，没有比齐国更大的，可以封他为齐王。”王夫人用手拍着头，口呼：“太幸运了。”因此，王夫人死后，就称为“齐王太后逝世”。

对于卫青按照东郭先生的计策赠金之事，有多种的理解：

首先，可以排除卫青真的想以此讨好一个宠妃，委曲求全保住地位的可能性。

因为，若想讨好，大可把千金都送去，更可显示“诚意”，卫青却折半只送了500斤。作为万户侯和当时秩禄最高的大将军，卫青完全不会缺这点儿钱的。而且如果王夫人有能力，也会把好机会给自己的兄弟和儿子，即使拉拢大臣，也不会是卫青这样的外戚。

事实上，卫青平时就常把太后所赐的金子全都分给部下将士，此次被人提议顺水推舟的可能更大。同时，也是想向汉武帝证明，他没有排斥异己的野心罢了。

完成了“帝国双璧”最后的守护

卫青不是权臣，但绝对是在汉武帝一朝身系国家社稷安危的重臣。

卫青也绝不是一勇之夫。虽然他恪守着军人的本分，在政治上以一种谦逊和柔的作风，采取的是一种“明哲保身”的政策，但是，他的存在确实是一种极大的安定力量。

卫青不仅具备了名将的条件，也兼有古大臣之风。他似一根定海神针，有他存在，自然可以消反侧而弥叛乱。

汉朝的宗室淮南王刘安，在蓄意谋反时，就曾经和他的谋士伍被，讨论到卫青的为人和卫青一身系汉朝安危的问题。

刘安是何许人也？他为什么要谋反，又为什么会提到卫青呢？

刘安，是汉高祖刘邦之孙，淮南厉王刘长之子。汉文帝八年（公元前172年），刘长被废王位之后，在旅途中绝食而死。于是，汉文帝十六年（公元前164年），汉文帝把原来的淮南国一分为三，封给刘安兄弟三人，而刘安以长子身份袭封为淮南王，此时，刘安16岁。

刘安好读书鼓琴，不喜弋猎狗马驰骋。他潜心治国安邦，著书立说。因为刘安求贤若渴，礼贤下士，一时间，淮南王城寿春成了文人荟萃的文化中心。

刘安治理王国的思想是“无为而治”，对道家思想加以改进，不循先法，不守旧章，遵循自然规律制定了一系列轻刑薄赋、鼓励生产的政策。他善用人才，体恤百姓，使淮南王国出现了国泰民安的景象。

尽管刘安的治国政策得到百姓的拥护，然而，在那“独尊儒术”的时代，他所奉行的道家思想却屡遭谗言。

虽然汉武帝非常欣赏刘安的才情，但是汉武帝强力推行的“罢黜百家、独尊儒术”的统治思想，却和刘安推崇的“无为而治”的道家学说南辕北辙，并且父亲刘长之死更成了刘安心中的一个“死结”。因此，刘安在广置门客进行“学术研讨”的同时，也在不断地积蓄力量，为有朝一日的谋反做着准备。

就在这一时期，刘安与门客分析朝廷局势时，谈到了卫青。

有一天，刘安问伍被：“假如山东有变的话，朝廷一定派大将统兵出来控制山东，你认为大将军卫青是怎么样一个人物呢？”

伍被回道：“我的朋友黄义，曾经随从大将军卫青进击匈奴。据他说，大将军平时对待士大夫有礼貌，对将士有恩德，众人都乐意为他效劳。并且，大将军卫青骑马上下山冈疾驶如飞，才能出众过人。他又屡次率兵征战匈奴，通晓军事，富有作战经验，实在是不容易对抗。”

“真有这么神吗？那么，能否争取过来为我所用呢？”刘安书生意气，竟然有点儿想入非非了。

伍被摇摇头回道：“应该希望不大，大将军不是一个可以用金钱收买的人。因为谒者曹梁出使长安归来，也曾说过，大将军号令严明，对敌作战勇敢，常身先士卒。每当安营扎寨，当井未凿通时，士兵都喝上了水，他才肯喝。每当军队出征归来，士兵渡河已毕，他才过河。并且，每次皇太后赏给大将军的钱财丝帛，他都转赐手下的军官。如大将军卫青这样的人，即使是古代名将，他也是毫不逊色的。”

事实上，伍被之言是不虚的。卫青平日待人如此，待兵如此，作战如此，个人的技术才能都是如此的。

收买不了，打又打不过。于是，伍被坚决地认定卫青是汉朝最可怕的人物，因此向刘安建议道：“只有先把大将军卫青刺死，才可举事！”

淮南王刘安采纳了伍被的建议，准备派人假装获罪后逃出淮南国西入长安，给大将军卫青和丞相供事，本想一旦发兵起事，就让他们先刺杀大将军卫青，然后再说服丞相公孙弘，那么，之后的事情就如同揭去一块盖布一样，轻而易举了。

然而，刘安想得挺好，不过，他也和自己的父亲一样，谋反还没有来得及实施，由于门客雷被告密以及门客伍被、孙子刘建的告密而画上了句号。

元狩元年（公元前122年），汉武帝以刘安“阴结宾客，拊循百姓，为叛逆事”等罪名，派兵入淮南，刘安被迫自杀。

在整个事件中，卫青都没有任何动作，甚至里面的具体原因和细节，他都不一定知道，但是，如果不是惧怕卫青的威力，也许刘安不至于剑未出鞘就已经人头落地了。

卫青对于大汉江山的作用，可见一斑。

如果说，汉武帝用他的雄才大略创立了一个强悍的“大汉帝国”，那么，卫青与霍去病，可以说是擎起这座“大汉帝国”的“两条臂膀”。

人们有时候会狭隘地认为：元狩四年（公元前119年），汉武帝派霍去病和卫青联合出征，这是汉武帝有意地在打压卫青。

这么想的理由是：表面上看是派两个将领同时出征，其实从兵力配备上，给霍去病配的都是精兵，给卫青配的是挑剩下的士兵；从攻击方向上，总是让霍去病去迎战单于，希望霍去病能够把单于的头砍下来，立盖世之功。

于是，人们就妄加猜测：汉武帝的心思很明显就是捧一个打一个，当然，捧的是霍去病，打击的是卫青。

笔者却不这样认为，汉武帝如此安排是有他的良苦用心。

老将配老兵，新帅配新兵。老将有老将的成熟经验，新帅有新帅的独特打法。本来围绕在霍去病身边的就是一群生龙活虎的年轻裨将，而卫青周围也团结着久经沙场的老伙伴们。大战之前，难道要拆散原有的搭档组合，重新洗牌吗？这当然不能！

至于让霍去病挑选精兵和面对匈奴大单于等等说法，让更年轻的霍去病去担当大任，难道不是汉武帝雄才大略的具体体现吗？

这一仗最后的结果：卫青遇到了匈奴大单于，却让大单于逃了；霍去病碰见的是匈奴的一个贤王，却杀敌很多。

出现这样的结果，不是汉武帝事先安排的，也是事先没有预料的。

战场上本就是风云变幻，纵然汉武帝雄才大略，纵然卫青经验老到，在汉朝需要探马侦察消息来源的情况下，他们事先制定的战略战术，与实际的战场情形，怎么可能不出现偏差呢？

结果，霍去病受了重赏，而卫青没有受赏。卫青手下也没有受赏，霍去病手下的将领很多都立了功。

结果，原来在卫青手下的很多人，改换门庭，投奔霍去病去了。

结果，汉武帝设了一个大司马的职务，让大将军卫青和骠骑将军霍去病同时担任大司马……凡此种种，人们就说：这也是对卫青的打压，对霍去病的一个支持。

汉武帝倾全国之力，顶着劳民伤财的指责，并不是为了验证两位将领的忠诚和能力，卫青和霍去病冒着必死的决心，远征大漠，也不仅仅是为了争权夺利和获赏封侯。

一切为了国家民族的利益，即使肝脑涂地、粉身碎骨也在所不惜——这就是汉武帝君臣三人的理想、胆略和情怀。

在某种意义上，可以说，汉武帝是大汉的胸膛和脊梁，而卫青与霍去病是托举汉武帝的一双臂膀。

当然，在霍去病最炙手可热的时候，卫青选择了沉默和支持。这确实是他的过人之处，说明卫青真是一个很不简单的人。

面对低谷和挫折，卫青能选择泰然处之，没有抱怨，没有不满，没有愤恨……这就是卫青的大智慧。一般人是很难做到的，但卫青做到了，因此，卫青才会只有“荣”而无“辱”，只有“赏”而无“罚”了。

天有不测风云，人有旦夕祸福。汉武帝元狩六年（公元前117年），霍去病的英年早逝让“帝国双臂”变成了“单臂支撑”。

霍去病死后，大司马又变成了只有卫青一个人。此后，汉武帝并没有新任命大司马来补上霍去病的位置。因此，这也就说明，当初卫青与霍去病同拜大司马时，并不是汉武帝在运用权力制衡之术。况且，当初如果是为了要互相制约，也不会选择甥舅两人来互相制约的。

因此，让卫青和霍去病同拜大司马，就如给自己安上了两条坚实的臂膀。同时也表明：汉武帝对卫青与霍去病的倚重和信任。

而在霍去病死后，卫青不负所望，一身兼两职，完成了对大汉帝国最后的守护。

卢山，卫青定格在公元前106年

元狩四年（公元前119年），汉武帝倾全国之力，派卫青、霍去病分两路联合远征漠北，进击匈奴。这是一次汉与匈奴的大决战。结果，以匈奴大败而结束。从此，匈奴已甘居劣势，无复冒顿单于以来的强劲状态，汉军也因为马匹损失过多，一时无法补充，因此，经此大决战，汉与匈奴的军事形势形成了一种相持的局面。

两年后，霍去病意外地不幸英年早逝，使汉武帝更感将才缺乏，因此，以后的十几年间，汉武帝没有组织大规模的军事行动，也就再也没有派卫青出征。

在此后的时日里，卫青有喜有忧。

喜的是又当新郎，成了平阳长公主的乘龙快婿，在大将军、大司马、长平侯的头衔上，又多了一道当朝驸马爷的身份，加之此前的皇后弟弟的外戚身份，因此，可以说，卫青是汉武帝之下的第一人。

忧的是在这十几年中间，卫青的三个儿子相继失去侯爵。当年汉武帝要封他的三个儿子的时候，卫青是坚决推辞的。如今，三个儿子的爵位都给夺掉时，卫青也是无话可说。

卫青从未利用他的权力，做出一件违反国家利益的事情。当然，汉武帝也是不会给卫青违反的机会的。因此，卫青和当年窦婴、田蚡等外戚不同，他的拥护统一王权的主张和“明哲保身”的政策，对于公私的裨益都是很大的。

任尔东西南北风，卫青一直这么默默地承受着。

即使连卫青的三个儿子都以不同的理由被汉武帝剥夺了侯爵的封号，而卫青自己的地位却一直坚挺着……

汉武帝元封五年（公元前106年）的一天夜晚，乌云遮月，夜空黑魆魆的。突然，有流星划过长空，甚为醒目。

这一刻，汉武帝正于甘泉宫外与一群方士谈论仙方丹药，见此，不由得问道："刚才那一道流光是何方星宿？"

一位方士答："一闪而过的，应该是流星。"

"此星一闪而过，有什么兆头吗？"汉武帝追问道。

"回皇上，恐怕不是好兆头，上天要降灾祸了。皇上还是不要回长安，应再去蓬莱求神仙消灾吧！"一方士答。

然而，此时有一位好久没说话的方士，开口说道："那不是什么流星，而是一颗将星。将有将星陨落，预示着大汉的武运将停止，应该到了偃武修文之时了。"

汉武帝闻听此言，脸上浮现了不快之色。虽然方士们多方逗趣，皇上的谈兴都提不起来了，因此，讨论就不得不结束了。

汉武帝回到行宫寝殿，感觉有一种说不出来的烦闷，脑袋也晕晕乎乎的，哈欠连天，直想入睡……

迷迷糊糊中，汉武帝感觉似乎有人来到了他床前。他努力想睁开眼睛，然而困得眼皮不听使唤……

"皇上，今生今世，来生来世，卫青对皇上一直挂在心上！"汉武帝感觉来人好像坐在了床边，轻轻地在对他耳语。

"噢——，仲卿来了。"汉武帝闻听话语知道是卫青来了，亲切地称呼了卫青的字。

卫青，字仲卿，自取字以来，能有资格如此称呼他的人，本就不多，而有资格称呼他为"仲卿"的，比如皇后卫子夫，从小喊"青弟"已经习惯了，因此，也就很少呼他的字。

算起来，也只有汉武帝称呼得多一些，但也次数有限。特别是近几年来，汉武帝与卫青君臣连见面的次数都少了，何谈用什么称呼呢？

"皇上珍重，仲卿就此别过了！"卫青似乎第一次自称自己为"仲卿"。说完，站起身，深施一礼，转身飘然而去……

"仲卿！你不要走！"汉武帝想起身抓住他，却没有抓住，急得大叫，

“仲卿！仲卿！……”

“皇上，快醒醒！”汉武帝猛地睁开眼睛，发现自己躺在龙榻上，身边围着方士和御医等许多人。原来，他竟然昏睡了一天一夜了。

“你们猜，朕刚才见到谁了？”汉武帝自问自答道，“朕梦到了大司马大将军了！”

众人皆惊，面面相觑，汉武帝觉察到众人有异，目光灼灼地扫视着众人，问道：“出了什么事？”

“回皇上，长安特使刚刚送来太子的奏书，大将军大司马薨逝了！”

“什么？”汉武帝顿时惊呆了。

汉武帝元封五年（公元前106年），大司马大将军卫青去世！

为表其功，汉武帝赐谥号烈侯，取《谥法》“有功安民曰烈。以武立功。秉德尊业曰烈”之意。

安葬卫青这天，细雨蒙蒙，长安城的西门大开，白幡飞舞，哀乐凄婉，铺天盖地的车马仪仗簇拥着大将军大司马卫青的灵柩出了长安城，直奔茂陵。

虽然无法和11年前霍去病那惊世骇俗的葬礼场面相比，也没有数万的匈奴降者的玄甲长蛇阵相送，但也有两旁路人，或哀伤，或感叹，或好奇的目光一路相随。

汉武帝命人在自己的茂陵东侧1000米处，特地为卫青修建了如塞北卢山形状的墓冢，以象征卫青一生的赫赫战功。从此，一代名将卫青长眠茂陵。

卢山，即阴山。蒙古语名字为“达兰喀喇”，意思为“七十个黑山头”。阴山山脉是古老的断块山，阴山的最大特点便是南北不对称，南坡山势陡峭，北坡则较为平缓。阴山山脉的平均海拔高度在1500~2300米之间，仿佛一座巨大的天然屏障，同时阻挡了南下的寒流与北上的湿气，阴山南麓的雨水较为充沛，适宜发展农业，北面适合发展游牧业。因此，阴山山脉自古以来是农耕区与游牧区的天然分界线，而山间缺口自古为南北交通孔道。

卫青墓遥望如一小山，南面坡陡，北面坡长缓，北坡中腰有平台。墓冢高24.72米，东边边长113.5米，南边边长90米，北边边长67.6米，西北角凹进一部分，而西南角凸出一部分，北边宽23米，西边长62米，占地总面积为

8064.55平方米，体积94412立方米。

到了清乾隆年间，陕西巡抚毕沅在墓前题墓碑——“汉大将军大司马长平侯卫公青墓”。

卫青墓东侧1300米左右是平阳公主墓冢，当地人称“羊头冢”。这是根据平阳公主与卫青合葬的愿望安排的。当然，按西汉墓葬制度，合葬是不同墓的。

一代帝国的臂膀断了，那么，在后卫青时代又发生了什么呢？

在卫青去世的同年，汉武帝自登基之初第二次下《求贤诏》，广招天下人才，以期再得贤臣良将。同时，汉武帝又在自己的近臣中刻意培植新的臂膀。

汉武帝心想：既然卫子夫能给他带来卫青、霍去病，那么其他后妃为什么不能再给他带来一位良将呢？

这样，爱姬李夫人的胞兄李广利就成了汉武帝的目标。

然而，英雄是不容易被复制的。

在卫青去世后的第三年，汉武帝又开始了大规模的对外用兵。第一个进攻的目标就是西域的大宛。

汉武帝把大任交给李广利，封他为贰师将军，率六千骑兵和数万步卒攻打大宛，让他小试锋芒。然而，还未走到大宛，一路上就已经饿死了不少人。

汉武帝闻报大怒：“李广利这个废物！太令朕失望了。”

汉武帝不禁暗自神伤：仲卿、去病，朕真的好想你们啊！

此后，赵破奴、李陵、李广利先后投降匈奴，更令汉武帝感叹卫青与霍去病的人才难得！

汉武帝征和二年（公元前91年）的巫蛊之祸，是汉武帝末年封建统治集团内部发生的重大政治事件。

汉武帝用法严厉，任用的多是严苛残酷的官吏，而太子刘据待人宽厚，经常将一些他认为处罚过重的事从轻发落。刘据这样做虽然得百姓之心，但那些执法大臣都不高兴。群臣中，为人宽厚的都依附太子，而用法严苛的则都诋毁太子。由于奸邪的臣子大多结党，所以为太子说好话的少，说坏话的多。因此，卫青去世后，那些臣子认为太子刘据不再有母家的靠山，便竞相陷害太子。

卫青去世后，长子卫伉因平阳长公主的关系，继承了卫青的长平侯爵位。然而，在巫蛊之祸中，卫伉受牵连，坐诛。但是，卫伉的子嗣以及卫青次子卫不疑与幼子卫登的家族并没有受牵连的记载。因此，在后来汉宣帝、汉成帝以及汉平帝时期，卫青的后人以皇帝诏复家。

汉宣帝元康四年（公元前62年），诏赐青孙钱五十万，复家。汉成帝永始元年（公元前16年），青曾孙玄以长安公乘为侍郎。汉平帝元始四年（公元4年），赐青玄孙赏爵关内侯。

直至今日，卫青故里——山西临汾仍存大将军的塑像，供后人代代瞻仰。

花开花落，潮起潮落，浪花淘尽了多少英雄。两千多年的岁月流逝，淹没了无数的尘烟往事，但是，形如卢山的卫青墓与旁边状如祁连山的霍去病墓，依然巍巍耸立，让人不由得感佩大汉绝代双骄的神勇。